RAMOS
PAPELERIA

MITRE 531   QUILMES
papeleria@gruporamos.com.ar
Tel.: 4253-4465 / 4254-2114

D0968011

Para Mabel y Roberto, para que este mo
mento de nuestra amistad no sea
nuestro "último encuentro".
             Siempre en el cariño –
                   Biche
                      mayo, 2008.

EL ÚLTIMO
ENCUENTRO

Sándor Márai

El Último Encuentro

Traducción del húngaro de
Judit Xantus Szarvas

Título original: *A Gyertyak Csonkig Egnek*

Traducido con la colaboración de Magyar Könyv Alapítvány
(Fundación Húngara del Libro)

Copyright © Heirs of Sándor Márai, Csaba Gaal, Toronto
Copyright de la edición en castellano © Ediciones Salamandra, 1999

Publicaciones y Ediciones Salamandra, S.A.
Almogàvers, 56, 7º 2ª - 08018 Barcelona - Tel. 93 215 11 99
www.salamandra.info

Reservados todos los derechos. Queda rigurosamente prohibida, sin la
autorización escrita de los titulares del "Copyright", bajo las sanciones
establecidas en las leyes, la reproducción parcial o total de esta obra por
cualquier medio o procedimiento, incluidos la reprografía y el tratamiento
informático, así como la distribución de ejemplares mediante alquiler
o préstamo públicos.

ISBN: 978-84-7888-601-2
Depósito legal: B-7.981-2008

1ª edición, noviembre de 1999
36ª edición, febrero de 2008
Printed in Spain

Impresión: Romanyà-Valls, Pl. Verdaguer, 1
Capellades, Barcelona

El Último
Encuentro

1

El general se entretuvo casi toda la mañana en la bodega del lagar. Había salido al viñedo de madrugada, junto con el vinatero, para ver qué se podía hacer con dos barriles de vino que habían empezado a fermentar. Eran las once pasadas cuando terminaron de embotellar el vino; entonces regresó a la casa. Bajo las columnas del porche de piedras húmedas que olían a moho le esperaba el montero, para entregar a su señor una carta que acababa de llegar.

—¿Qué quieres? —le preguntó, y se detuvo con fastidio. Se echó atrás el sombrero de paja de ala ancha que le cubría la frente y le oscurecía totalmente la cara rojiza. Hacía años que no leía ni abría ninguna carta. El correo lo abría, examinaba y seleccionaba uno de sus sirvientes de confianza, en la oficina del administrador.

—Un recadero acaba de traerla —dijo el montero, que se mantenía en posición de firme en el porche.

Reconoció la letra, cogió la carta y la guardó en el bolsillo. Entró en el frescor del vestíbulo y entregó al montero su sombrero y su bastón, sin musitar palabra. Sacó las gafas del bolsillo donde guardaba también los puros, se acercó a la ventana y se puso a leer la carta en la sombra rasgada apenas por algunos rayos que penetraban por las rendijas de las persianas medio echadas.

—Espera —dijo por encima del hombro al montero, que se disponía a retirarse con el sombrero y el bastón.

Arrugó la carta y se la guardó en el bolsillo.

—Que Kálmán prepare el coche para las seis. El landó, que va a llover. Que se ponga la librea de gala. Tú también —añadió con énfasis, como si estuviera enfadado por algo—. Que todo esté limpio y reluciente. Que empiecen ahora mismo a limpiar el coche y el aparejo. Te vistes de gala, ¿entendido? Y te sientas al lado de Kálmán, en el pescante.

—Entendido, excelencia —respondió el montero, mirando a su amo fijamente a los ojos—. A las seis en punto.

—A las seis y media os vais —dijo, moviendo a continuación los labios en silencio, como si estuviera contando—. Os presentáis en el Hotel del Águila Blanca. Sólo tienes que decir que te he enviado yo y que ya está dispuesto el coche del capitán. Repítelo.

El montero repitió las instrucciones. Entonces el general levantó una mano y miró al techo, como si quisiera añadir algo más. No dijo nada y subió al primer piso. El montero, firme, lo observó con ojos vidriosos, lo siguió con la mirada y esperó a que la cuadrada figura de anchas espaldas desapareciera por el recodo de la escalera de piedra del primer piso.

El general entró en su habitación, se lavó las manos y se acercó al pupitre alto y estrecho, cubierto de paño verde, salpicado de manchas de tinta, donde había portaplumas, tinteros y cuadernos con tapas de hule a cuadros, como los que utilizan los colegiales para hacer los deberes, todos guardados con un orden milimétrico. En el centro del pupitre había una lámpara de pantalla verde y la encendió porque la habitación estaba a oscuras. Detrás de las persianas echadas, el verano quemaba el jardín lleno de plantas secas y de hojas arrugadas, como un pirómano colérico que incendiara toda la vegetación antes de desaparecer. El general sacó la carta del bolsillo, alisó el papel con gran cuidado y, con las gafas caladas, volvió a leer las frases cortas y rectas, escritas con letra fina, a la luz resplandeciente de la lámpara. Juntó las manos por detrás mientras leía.

En una pared había un almanaque de números enormes. Catorce de agosto. El general echó la cabeza hacia atrás, para contar. Catorce de agosto. Dos de julio. Contaba el tiempo transcurrido entre una fecha remota y aquel día. Cuarenta y un años, dijo en voz alta. Hacía rato que hablaba en voz alta, aunque estaba solo en la habitación. Cuarenta años, repitió después, un tanto confundido. Como un colegial que se enreda por lo difícil de los deberes, se puso colorado, echó la cabeza atrás y cerró los ojos humedecidos. Por encima de la chaqueta amarilla como el maíz tenía el cuello hinchado y rojo. Dos de julio de mil ochocientos noventa y nueve, la fecha de aquella cacería, musitó. Luego guardó silencio. Apoyó los codos en el pupitre, con preocupación, como si fuera un colegial aplicado, volvió a mirar el texto de la carta, aquellas pocas líneas. Cuarenta y uno, dijo al final, con la voz ronca. Y cuarenta y tres días. Eso era.

A continuación, como si ya se hubiese calmado, dio unos pasos por la habitación. En el centro había una columna que sustentaba el techo abovedado. Antaño había habido allí dos habitaciones: un dormitorio y un vestidor. Hacía muchísimos años —ya sólo contaba las décadas, no le gustaban los números exactos, como si todas las fechas le recordaran algo que prefiriese olvidar— había mandado derribar el muro que separaba las dos estancias. Sólo se dejó intacta la columna que soportaba las bóvedas del centro. La casa la había construido doscientos años atrás un proveedor militar que abastecía de avena a la caballería del ejército austriaco y que más tarde se hizo con el título de duque. Fue entonces cuando mandó construir la mansión. El general había nacido en la casa, en aquella habitación. La más oscura de las dos habitaciones, cuyas ventanas daban al jardín, al huerto y a los edificios de la hacienda, era por entonces la de su madre, y la más luminosa y alegre servía de vestidor. Hacía ya décadas, al cambiarse él a esta ala del edificio, había mandado derribar el tabique medianero y había convertido las dos habitaciones en una sola, más grande, dominada por las sombras. Había diecisiete pasos desde la puerta hasta la cama. Dieciocho desde la pared del jardín hasta el balcón. Los había contado muchas veces, y lo sabía con certeza y precisión.

Vivía en aquella habitación, adaptado a las dimensiones de las enfermedades que le acechaban. Le quedaba como hecha a medida. Pasaban años y años sin que se desplazara a la otra parte del edificio, ocupada por salones multicolores, verdes, azules y rojos, con arañas doradas en el techo. Allí las ventanas daban al parque, a los castaños que asomaban tras los cristales de ventanas y puertas, ascendiendo en semicírculo, orgullosos, ante los balcones de piedra del ala sur de la mansión, elevando en primavera sus flores rosadas y sus hojas verde oscuro. Unos angelitos regordetes de piedra sostenían los pasamanos de los balcones. El general se pasaba las mañanas en el lagar o en el bosque, se acercaba a diario al arroyo lleno de truchas, incluso en las mañanas lluviosas y frías del invierno. Luego, al volver a la casa, subía desde el porche a su dormitorio, donde le servían la comida.

—Así que ha regresado —dijo en voz alta—. Después de cuarenta y un años. Y cuarenta y tres días.

Se tambaleó de repente, como si se hubiese agotado al pronunciar tales palabras, como si hubiera comprendido de pronto lo mucho que eran cuarenta y un años y cuarenta y tres días. Se sentó en una de las sillas tapizadas en cuero, un tanto destartaladas. En la mesilla había una campanilla de plata al alcance de la mano: la agitó.

—Que suba Nini —le dijo al criado. Luego añadió cortésmente—: Que haga el favor.

No se movió, se quedó sentado, con la campanilla de plata en la mano, hasta que llegó Nini.

2

Nini tenía noventa y un años, pero llegó enseguida. Había criado al general en aquella misma habitación. Había estado presente durante su nacimiento. Tenía entonces dieciséis años y era muy hermosa. Era bajita, pero tan fuerte y tranquila como si su cuerpo conociese todos los secretos. Como si escondiese algo en sus huesos, en su sangre, en su carne, los secretos del tiempo o de la vida, algo que no se puede decir a los demás, algo que no se puede traducir a ningún idioma, un secreto que las palabras no pueden expresar. Era la hija del cartero del pueblo; a los dieciséis años dio a luz a un niño y nunca reveló a nadie quién era el padre. Amamantó al general, porque tenía leche en abundancia. Había subido a la mansión tras echarla su padre de casa. No tenía más que el vestido que llevaba puesto y un mechón del cabello de su hijo muerto que guardaba en un sobre. Así llegó a la mansión, y en el momento del parto. El primer sorbo de leche que tomó el general fue del seno de Nini.

Así vivió en la mansión, sin decir palabra, durante setenta y cinco años. Sonreía siempre. Su nombre volaba por las habitaciones, como si los habitantes de la mansión quisieran llamar la atención de los demás, comunicarles algo. Simplemente decían: «¡Nini!» Era como si dijeran: «Qué curioso, existe algo más en el mundo que la egolatría, la pasión o la vanidad. Existe Nini...» Como estaba siempre allí donde se la necesitaba, nunca se la veía en ningún sitio. Como siempre estaba contenta, nunca le preguntaban cómo podía estar de buen humor tras haberse ido el hombre al que amaba, tras haberse muerto el niño para quien se le habían hinchado los senos de leche. Amamantó y crió al general, y pasaron setenta y cinco años. A veces, el sol brillaba encima de la mansión, encima de la familia, y en aquellas ocasiones, en medio de aquel resplandor general, todos se daban cuenta, sorprendidos, de que Nini también sonreía. Más tarde murió la condesa, la madre del general, y Nini limpió su frente blanca, fría, cubierta de sudor, con un paño humedecido en vinagre. Más adelante llevaron al padre del general en una camilla, porque se había caído del caballo: vivió cinco años más. Nini lo cuidó. Le leía libros en francés, y como no hablaba aquel idioma, le deletreaba las palabras que no era capaz de pronunciar, leía todo letra por letra, muy lentamente, una palabra tras otra. El enfermo lo entendía de todas formas. Más tarde se casó el general, y cuando volvió con su esposa de la luna de miel, Nini los esperaba en la puerta de la mansión. Besó la mano a la nueva señora y le entregó un ramo de rosas. En aquel momento también sonreía, el general se acordaba a veces de ello. Más adelante, unos veinte años más adelante, murió la señora, y Nini cuidó de su tumba y sus vestidos.

No tenía título ni rango en la casa. Solamente tenía su fuerza, que todo el mundo sentía por igual. Sólo el general se acordaba, de manera un tanto distraída, de que Nini tenía más de noventa años. Nadie mencionaba este hecho. La fuerza de Nini llenaba la casa, a las personas, traspasaba las paredes, los objetos, como una corriente secreta: era como los hilos invisibles que mueven los muñecos del titiritero ambulante, como los hilos que mueven a Juanito y el Ogro. A veces les parecía que la casa se derrumbaría con todos sus muebles si la fuerza de Nini no lo tuviera todo unido; que se caería en pedazos, como los paños muy antiguos se deshacen al tocarlos. Cuando su esposa murió, el general partió de viaje. Regresó un año después, y enseguida se mudó al ala más antigua de la mansión, a la habitación que había sido de su madre. El ala nueva, donde había vivido con su esposa, se cerró: allí quedaron los salones multicolores, con sus paredes tapizadas en seda francesa que ya empezaba a rasgarse, la sala enorme con la chimenea y los libros, la escalera decorada con cornamentas de ciervo, con cabezas de gamuza y urogallos disecados, el gran comedor cuyas ventanas daban al valle y a la pequeña ciudad, a los montes lejanos de cimas azuladas, las habitaciones de su esposa y su antiguo dormitorio, que se encontraba al lado de aquéllas. Desde hacía treinta y dos años, desde que su esposa había muerto, y él había regresado del extranjero, solamente Nini entraba en aquellas salas y habitaciones, y los criados cuando, cada dos meses, hacían limpieza.

—Siéntate, Nini.

La nodriza se sentó. Había envejecido en el curso de aquel año. Cuando pasa de los noventa, la gente envejece de manera distinta que a los cincuenta o a los sesenta. Envejece sin resentimiento. La cara de Nini estaba llena de arrugas y era rosada: envejecía como los paños más nobles, como una seda fina y antigua, tejida por toda una familia de hábiles artesanos que hubiesen puesto todos sus sueños en aquel retal. Durante el último año, un ojo de Nini enfermó de cataratas. Desde aquel momento, el ojo se volvió gris, parecía apagado y triste. El otro era todavía azul, del color de los lagos profundos de los montes, del azul que ostentan durante los meses de agosto. Este ojo sonreía. Nini iba vestida de azul marino, como siempre, y llevaba una falda de pana azul marino y una blusa del mismo color. Era como si en setenta y cinco años nunca se hubiese puesto otra ropa.

15

—Me ha escrito Konrád —dijo el general, alzando la carta con la mano, sin dar importancia al gesto, con deseos de enseñársela—. ¿Te acuerdas de él?

—Sí —respondió Nini. Se acordaba de todo.

—Está aquí, en la ciudad —dijo el general muy bajo, como si le estuviera dando una noticia muy importante, muy confidencial—. Está alojado en el Hotel del Águila Blanca. Vendrá por la tarde, he ordenado disponer el coche para ir a buscarlo. Se quedará aquí para cenar.

—¿Aquí? ¿Dónde? —preguntó Nini, muy serena. Su ojo azul, vivo y sonriente, recorrió la habitación.

Hacía dos décadas que no recibían invitados. A las visitas que llegaban de vez en cuando y que se quedaban a almorzar, a los representantes de la autoridad municipal o provincial y a los participantes en las grandes cacerías los recibía el administrador de la hacienda, en la casa del bosque donde todo estaba dispuesto; siempre, día y noche y en cualquier estación; allí todo estaba preparado: los dormitorios, los cuartos de baño, la cocina, el gran comedor decorado con motivos de caza, el porche abierto, las mesas de borriquete. En tales ocasiones, el administrador de la hacienda presidía la mesa, e invitaba a los cazadores o a los representantes de la autoridad en nombre del general. Ningún invitado se enfadaba, puesto que todos sabían que el señor de la casa no se dejaba ver. A la mansión sólo llegaba el párroco, una vez al año, en invierno, cuando aparecía para apuntar con tiza en el dintel de la puerta las iniciales de los nombres de Melchor, Gaspar y Baltasar. El mismo párroco que había enterrado a los muertos de la familia. Nadie más, nunca.

—En la otra ala —respondió el general—. ¿Es posible?

—Hace un mes que hicimos limpieza —observó la nodriza—. Es posible.

—A las ocho en punto. ¿Es posible?... —preguntó, un tanto excitado, con la curiosidad de un niño, inclinándose hacia delante en el sillón—. En el gran comedor. Ahora son las doce.

—Las doce en punto —dijo la nodriza—. Voy a dar la orden. Que dejen las ventanas abiertas hasta las seis, para que se airee, y que pongan la mesa después. —A continuación, sus labios se movieron sin pronunciar palabra, como si estuviera echando cuentas. Calculaba el tiempo necesario para cada tarea—. Sí —afirmó al cabo de un rato, con voz tranquila y decidida.

El general la observó con curiosidad, inclinándose hacia delante. Su vida y la de ella habían transcurrido paralelas, con el movimiento lento y ondulado de los cuerpos muy viejos. Lo sabían todo el uno del otro, más de lo que una madre puede saber de su hijo, más de lo que un marido puede saber de su mujer. La comunión de sus cuerpos los unía con más fuerza que ningún otro lazo. Quizás fuera por la leche materna. Quizás porque Nini había sido el primer ser vivo que había visto al general al nacer, en el momento de llegar al mundo, lleno de sangre y de mucosidad, como se suele nacer. Quizás fuera por los setenta y cinco años que habían pasado juntos, bajo el mismo techo, comiendo la misma comida, respirando el mismo aire: lo compartían todo, hasta el olor a moho de la casa, hasta los árboles que crecían delante de las ventanas, todo. Y todo esto no se podía expresar con palabras. No eran hermanos, ni amantes. Existe algo diferente de todos esos lazos, y ellos lo intuían de una manera poco precisa. Existe una especie de hermandad, más fuerte y más densa que la que une a los gemelos que salen del mismo útero. La vida había mezclado sus días y sus noches, lo sabían todo del cuerpo del otro, de los sueños del otro.

La nodriza preguntó:

—¿Quieres que todo sea como antaño?

—Sí, eso quiero —respondió el general—. Exactamente igual. Como la última vez.

—Bien —respondió ella con parquedad.

Se acercó al general, se inclinó ante él y le besó la mano fuerte, vieja, llena de manchas parduscas y adornada con un anillo.

—Prométeme una cosa —dijo— prométeme que no te excitarás.

—Te lo prometo —respondió el general, en voz baja y obediente.

3

Hasta las cinco no llegó ningún signo de vida de su habitación. Entonces hizo sonar la campanilla para llamar al criado y decirle que le preparase un baño frío. No quiso comer y sólo tomó una taza de té frío. Pasó la tarde recostado en el sofá, en aquella habitación a oscuras. Detrás de las paredes frescas resonaba y se fermentaba el verano. Percibía el burbujeo ardiente de la luz cegadora, el resoplar del viento cálido entre las hojas resecas, y prestaba atención a los ruidos de la mansión.

Una vez pasado el sentimiento de sorpresa, se sentía cansado. Uno se pasa toda la vida preparándose para algo. Primero se enfada. A continuación quiere venganza. Después espera. Él llevaba mucho tiempo esperando. Ya no se acordaba ni siquiera del momento en que el enfado y el deseo de venganza habían dado paso a la espera. El tiempo lo conserva todo, pero todo se vuelve descolorido, como en las fotografías antiguas, fijadas en placas metálicas. La luz y el paso del tiempo desgastan los detalles precisos que caracterizan los rostros fotografiados. Hay que mirar la imagen desde distintos ángulos y buscar la luz apropiada para reconocer el rostro de la persona cuyos rasgos han quedado fijados en el espejo ciego de la placa. De la misma manera se desvanecen en el tiempo todos los recuerdos humanos.

Luego, en algún momento inesperado, nos llega un rayo de luz y entonces volvemos a ver el mismo rostro olvidado. El general guardaba las fotografías antiguas en un cajón. El retrato de su padre. En la foto, el padre llevaba el uniforme de capitán de la guardia imperial. Tenía el cabello ondulado, como una muchacha. Llevaba la capa blanca de los guardias imperiales y la asía a la altura del pecho con una mano adornada con anillo. Ladeaba la cabeza, con orgullo y enfado. Nunca había dicho dónde lo habían enfadado ni con qué. Al regresar de Viena, se había dedicado a la caza. Iba de caza todos los días del año, y cuando no había nada que perseguir, en los tiempos de veda, cazaba zorros y cuervos. Como si quisiera matar a alguien, como si estuviera preparando diariamente una venganza. La madre del general, la condesa, prohibió que los cazadores entraran en la mansión, mandó que hicieran desaparecer todo lo que recordase la caza: las armas, las cartucheras, las flechas antiguas, las cabezas disecadas de las aves, las cornamentas de los ciervos, todo. Fue entonces cuando el capitán de la guardia imperial mandó construir la casa del bosque. Allí reunió todo lo necesario para la caza, puso las pieles de oso delante de la chimenea, expuso en las paredes las armas sobre tablas forradas de lana blanca y enmarcadas en madera oscura. Había escopetas belgas y austriacas. Cuchillos ingleses y armas de fuego rusas. Todo tipo de armas para cualquier modalidad de caza. Al lado de la casa se encontraban las perreras: en ellas había una jauría de animales de caza y presa, todos de pura raza; el cetrero vivía en la misma casa, con sus tres halcones adiestrados. El padre del general también vivía en aquella casa, empleada exclusivamente para la caza. Sólo aparecía en la mansión a las horas de las comidas. Las paredes estaban cubiertas con sedas francesas de colores claros: azul celeste, verde manzana, rosa con tenues tintes de rojo, todas llegadas de París, todas reforzadas con ribetes dorados. La condesa elegía personalmente, año tras año, las sedas para las paredes y para los muebles, dando una vuelta por las fábricas y las tiendas cada otoño, al volver de visita a su país. No dejaba de visitar a su familia ni un solo año. Tenía derecho a hacerlo: había fijado tal privilegio en el contrato matrimonial, al casarse con aquel guardia imperial extranjero.

—Quizás fuera a causa de los viajes —pensó el general. Se preguntaba por qué sus padres no se comprendían. El guardia imperial salía de caza, y como no era capaz de destruir el mundo, lleno de seres extraños —de ciudades extranjeras como París, con sus palacetes, con su idioma, con sus costumbres foráneas—, mataba cervatillos, osos y ciervos. Sí, quizás fuera a causa de los viajes. El general se levantó, se detuvo delante de la estufa redonda, de porcelana blanca, que antaño había calentado el dormitorio de su madre. Era una estufa enorme, centenaria, que irradiaba calor como una persona gruesa y apoltronada irradia bondad, tratando de atenuar su propia egolatría, convirtiéndola en un acto bondadoso, en una especie de piedad fácil y barata. Comprendió de repente que su madre había pasado allí muchísimo frío. La mansión era demasiado oscura para ella, con sus habitaciones abovedadas, allí, en medio del bosque; por eso había cubierto las paredes de las habitaciones con sedas de colores claros. Pasaba frío, puesto que en el bosque siempre hacía viento, incluso en verano, un viento con sabor a arroyo, un sabor primaveral, como cuando crecen las aguas y se desbordan a causa de la nieve que se funde en las montañas. Ella pasaba frío, por eso había ordenado que la estufa redonda de porcelana blanca estuviera ardiendo siempre. Su madre había esperado que ocurriera algún milagro. Había ido a vivir a Europa oriental porque la pasión que había nacido en ella era más fuerte que su inteligencia y que su juicio. El guardia imperial la había conocido estando destinado como correo en la embajada de París, en los años cincuenta. La conoció en un baile, y ninguno de los dos pudo hacer nada en contra de aquel encuentro. Sonaba la música, y el guardia imperial le dijo a la condesa francesa: «En mi país este sentimiento se presenta de manera más fuerte y fatal.» Todo ocurrió en un baile organizado por la embajada. Las ventanas estaban cubiertas con cortinas de seda blanca; los dos estaban de pie, en el entrante de una de aquellas ventanas, mirando a los que bailaban. La calle estaba blanca, aquella noche nevaba en París. En aquel momento entró en la sala uno de aquellos sucesores de los Luises, el que reinaba entonces en Francia. Todos los presentes se inclinaron. El soberano llevaba un frac azul y un chaleco blanco, y con un movimiento lento levantó los anteojos con montura de oro. Cuando todos se enderezaron, los dos se miraron a los ojos, y desde entonces supieron que estaban destinados a vivir juntos, que no podían hacer nada en contra. Sonrieron, pálidos y confusos. La música seguía sonando en la sala de al lado. La joven francesa preguntó: «En su país... ¿dónde?», y siguió sonriendo, con sus ojos de miope. El guardia imperial pronunció el nombre de su país. La primera palabra íntima que le dijo a aquella joven fue el nombre de su patria.

Llegaron a su país en otoño, casi un año después de aquel encuentro. La joven extranjera se cubría con chales y con mantas en el fondo del carruaje. Atravesaron las montañas, pasaron por Suiza, por el Tirol. En Viena los recibieron el emperador y la emperatriz. El emperador se mostró generoso, tal como se describe en los libros escolares. Le dijo: «¡Vaya usted con cuidado! En los bosques adonde él la lleva, también hay osos. Él es uno de ellos.» El emperador sonreía. Todos sonreían. Se trataba de una atención especial: el emperador se permitía una broma con la esposa francesa del guardia imperial húngaro. La mujer respondió:

«Intentaré domesticarlo con la música, Majestad, como hizo Orfeo con las fieras.» Viajaron a través de prados y bosques que olían a fruta. Cuando cruzaron la frontera, desaparecieron las montañas y las ciudades, y la mujer rompió a llorar. «*Chéri* —dijo—, estoy mareada. Aquí todo parece infinito.» Se mareaba con lo que veía, con la simple vista de la llanura agonizante, cargada con el aire pesado del otoño que lo cubría todo, con aquella llanura vacía donde ya habían recolectado todo, con aquella llanura por donde avanzaban durante horas infinitas sin ver ni siquiera el camino, donde sólo se divisaban las bandadas de grullas en el cielo, donde los maizales ya se encontraban devastados, como después de una batalla, cuando incluso el paisaje cae herido tras el paso de las tropas. El guardia imperial no respondió, callaba en el fondo del carruaje, con los brazos cruzados. A veces subía a uno de los caballos y cabalgaba al lado del vehículo, durante horas. Miraba su patria como si la viera por primera vez. Miraba las casas blancas, con ventanas de persianas pintadas en verde, bajitas, con porche, las casas donde se alojaban por las noches, las casas de sus compatriotas, aquellas casas escondidas en el fondo de los jardines, con sus frescas habitaciones, donde todos los muebles le resultaban conocidos, incluso el olor de sus armarios. Miraba el paisaje, cuya soledad y tristeza le tocaban el corazón como nunca: miraba los pozos con cigüeñal a través de los ojos de su esposa, los páramos, los bosques de abedules, las nubes rosadas en el cielo crepuscular, encima de la llanura. La patria se abría delante de ellos, y el guardia imperial sintió, entre fuertes latidos de su corazón, que el paisaje que los recibía representaba también su destino. Su esposa permanecía sentada en el fondo del carruaje, en silencio. A veces cogía el pañuelo para secarse las lágrimas. Él se inclinaba entonces desde la silla de montar, para mirarla a los ojos, con aire interrogador. La mujer sólo respondía con un gesto, indicando que siguieran. Estaban destinados el uno para el otro.

En los primeros tiempos, la mansión consiguió apaciguar los ánimos de la mujer. Era enorme, los bosques y las montañas la protegían de la llanura; aquella casa llegó a ser para ella su propia patria dentro de un país extraño. En aquella época llegaron carros de carga, hasta uno por mes. Procedían de París y de Viena, cargados con muebles, sedas, retales, grabados y una espineta: la mujer pretendía domesticar a las fieras con la música. Ya habían caído las primeras nieves en las montañas cuando estuvieron instalados y pudieron empezar su vida en común en aquella mansión. La nieve dejó la casa aislada; la sitió por completo, como un ejército silencioso y sombrío, llegado del Norte, cerca un castillo. Por las noches llegaban del bosque los cervatillos y los ciervos, se detenían en medio de la nieve, a la luz de la luna, miraban las ventanas iluminadas de la mansión, ladeando la cabeza, con sus ojos azules, oscuros y serios, maravillosos y maravillados, y escuchaban la música que salía de allí. «¿Lo ves...?», preguntaba la mujer, sentada al lado del piano, y se reía. En febrero, las heladas hicieron bajar a los lobos de las montañas nevadas; los criados y los cazadores encendían hogueras en el parque, y las fieras aullaban y daban vueltas alrededor del fuego, hechizadas. El guardia imperial las ahuyentaba con cuchillos, su esposa lo observaba desde la ventana. Había algo entre ellos que no se podía reparar. No obstante, se amaban.

El general se acercó al retrato de su madre. El cuadro era obra de un pintor vienés, el mismo que había hecho un retrato de la emperatriz con el cabello ondulado: el guardia imperial conocía la pintura, pues la había visto en el despacho del emperador, en el palacio imperial. En su retrato, la condesa llevaba un sombrero de paja adornado con flores rosadas, parecido a los que se ponen las florentinas en verano. El cuadro tenía un marco dorado y estaba colgado en la pared blanca, encima de un mueble de cerezo, lleno de cajones. Este mueble había pertenecido a su madre. El general se apoyó en él con las dos manos, para contemplar el cuadro colgado en lo alto. La joven del retrato del pintor vienés ladeaba ligeramente la cabeza, y su mirada tierna y seria se perdía en la nada, como si se estuviera preguntando «¿Por qué?». Tal era el mensaje del retrato. El rostro era de rasgos nobles, el cuello sensual, las manos también, cubiertas con guantes cortos de punto, y también eran sensuales los hombros y el escote blancos, rodeados por un vestido verde claro. Aquella mujer siempre había sido una extraña. El guardia imperial y ella habían librado una batalla sin decir palabra: habían combatido a través de la música y de la caza, a través de los viajes y de las fiestas; unas fiestas en las que la mansión se iluminaba, casi ardía, como si se hubiera declarado un incendio en sus enormes salones; cuando los establos se llenaban con los caballos, carrozas y cocheros de los invitados; cuando cada cuatro peldaños de la escalera de entrada se apostaba un húsar, manteniéndose durante toda la noche en posición de firme —sin el menor movimiento, como una figura de cera—, empuñando un candelabro de plata de doce brazos; todo aquello —las luces, la música, las palabras de los invitados, el perfume de sus cuerpos flotando en los salones— causaba la sensación de que la vida era una fiesta desesperada, una fiesta trágica y majestuosa, cuyo final se proclamaría con el sonido de las trompetas y con el anuncio de alguna orden nefasta. El general recordaba aquellas fiestas. A veces, los caballos y las carrozas tenían que quedarse en medio del parque nevado, al lado de enormes fogatas, puesto que no cabían en las cuadras. A una de aquellas fiestas acudió incluso el emperador de Austria, que era el rey de Hungría. Llegó en su carroza, acompañado de caballeros ataviados con plumas de cisne en los cascos. Pasó dos días cazando en los bosques, se alojó en la otra ala del edificio, durmió en una cama de hierro e incluso bailó con la señora de la casa. Charlaron durante el baile y los ojos de la mujer se llenaron de lágrimas. El rey dejó de bailar. Se inclinó, besó la mano de la dama, la acompañó al salón contiguo, donde los hombres de su séquito se mantenían de pie, en semicírculo. Condujo a la dama junto a su esposo y volvió a besarle la mano.

—¿De qué hablasteis? —preguntó más tarde, mucho más tarde, el guardia imperial a su esposa.

La mujer no se lo quiso decir. Nadie supo nunca lo que el rey le había dicho a aquella mujer llegada del extranjero que se había echado a llorar en medio del baile. La gente de los alrededores habló largamente de aquello.

4

La mansión lo comprendía todo, como una enorme tumba de piedra tallada donde se desmoronan los restos de varias generaciones y se deshacen las vestimentas de seda gris y paño negro de las mujeres y de los hombres de antaño. Comprendía también el silencio, como si éste fuera un preso fervoroso y creyente que se va muriendo poco a poco en el fondo del calabozo, dejándose crecer una larga barba sobre sus trapos y harapos, recostado en un montón de paja podrida. Comprendía también los recuerdos, la memoria de los muertos que se ocultaban en los recovecos de las habitaciones, unos recuerdos que crecían como hongos, como el moho, que se multiplicaban como los murciélagos, como las ratas o como los insectos en los sótanos húmedos de las casas demasiado antiguas. En los picaportes se sentía el temblor de unas manos de antaño, el fulgor de momentos pasados, llenos de duda, cuando aquellas manos no se atrevían a abrir una puerta. Todas las casas donde vive gente tocada por la pasión con toda su fuerza se llenan de este contenido impreciso.

El general miraba el retrato de su madre. Conocía todos los rasgos de aquel rostro delgado. Aquellos ojos contemplaban el pasar del tiempo con una expresión de desprecio soñolienta y triste, con la mirada de las mujeres de antaño que subían al cadalso con el mismo desprecio por quienes morían que por quienes las mataban. La familia de su madre tenía un castillo en Bretaña, al lado del mar. El general tenía unos ocho años cuando lo llevaron allí, para pasar el verano. En aquella época ya viajaban en tren, muy despacio. En la redecilla del portaequipajes se encontraban los bultos envueltos en tela, bordados con las iniciales de su madre. En París llovió aquel verano. El niño se sentaba en el fondo de un coche cuyo interior estaba forrado con seda azul celeste, y desde allí contemplaba la ciudad, a través de las ventanillas opacas: una ciudad reluciente y húmeda como la panza de un pez gordo. Miraba los tejados empinados, las chimeneas altas que se elevaban grises e inclinadas entre los cortinajes raídos del cielo lleno de humedad, como si estuvieran anunciando al mundo algo sobre unos destinos diferentes, incomprensibles. Las mujeres avanzaban bajo la lluvia y se reían, se levantaban un poco la falda con la mano, sus dientes brillaban relucientes como la lluvia: la ciudad extraña, las palabras en francés, todo habría podido ser algo alegre, algo fantástico, pero el niño no era capaz todavía de entenderlo así. Tenía ocho años, estaba sentado dentro del coche, muy serio, al lado de su madre, enfrente de su doncella y de su institutriz, y sentía que le aguardaba alguna tarea. Todo el mundo lo observaba, a él, al pequeño salvaje que había llegado de lejos, del bosque lleno de osos. El niño pronunciaba las palabras francesas con cuidado, con atención y con preocupación. Sabía que también hablaba por su padre, la mansión, los perros, el bosque y su hogar abandonado. Se abrió el portón, el carruaje entró en el gran patio, los criados con librea se inclinaron delante de la inmensa escalera. Todo le parecía un tanto adverso. Lo conducían a través de amplios salones, donde todo estaba en su sitio y donde todo parecía estirado y amenazador. En el salón más amplio del primer piso lo esperaba su abuela francesa. Tenía los ojos grises y un fino bigote negro, llevaba el cabello recogido en un moño alto, de color rojizo desteñido, como si el tiempo se hubiese olvidado de lavarlo. Besó al niño, con sus manos blancas y huesudas echó atrás la cabeza del recién llegado, y la miró así, desde lo alto. «*Toute de même*», dijo a la madre, que se encontraba a su lado, un tanto preocupada, como si su hijo estuviera pasando un examen del cual pudiera desprenderse cualquier cosa. Más tarde les sirvieron una infusión de tila. Todo tenía un olor insoportable, el niño se mareaba. Alrededor de medianoche rompió a llorar y empezó a devolver. «¡Traedme a Nini!», pidió, ahogándose casi entre tanto llanto. Estaba acostado en la cama, pálido como un muerto.

Al día siguiente le subió la fiebre, deliraba. Llegaron unos médicos ceremoniosos —vestidos con esmoquin negro y chaleco blanco con reloj de oro de bolsillo—, se inclinaron sobre el niño, sus barbas y sus ropas tenían el mismo olor que los objetos del palacete y que la cabellera y la boca de la abuela. El niño pensó que moriría si aquel olor no se disipaba. La fiebre no bajó ni siquiera durante el fin de semana, el pulso del muchacho latía de una manera irregular. Entonces le enviaron un telegrama a Nini. Pasaron cuatro días hasta que la nodriza llegó a París. El mayordomo con patillas no la identificó en la estación, y Nini llegó andando al palacete, con la bolsa de punto en la mano. Llegó como llegan las aves migratorias: no hablaba ni una palabra de francés, no conocía las calles, nunca pudo explicar cómo había encontrado aquella casa desconocida que escondía al niño enfermo en aquella ciudad extraña. Entró en la habitación, sacó de la cama al niño moribundo —que estaba ya totalmente callado, y sólo le brillaban los ojos—, se lo puso en el regazo, lo abrazó con fuerza, se quedó sentada, callada, acunándolo. Al tercer día llamaron al cura, para que le diera la extremaunción. Aquella noche, Nini salió de la habitación del enfermo y le dijo a la condesa, en húngaro:

—Creo que se salvará.

No lloraba, tan sólo estaba muy cansada porque llevaba seis días sin dormir. Volvió a la habitación del enfermo, de su bolsa de punto sacó algo de comida que traía de casa y se puso a comer. Durante seis días había mantenido vivo al niño con su aliento. La condesa rezaba y lloraba de rodillas delante de la puerta. Allí estaban todos: la abuela francesa, los criados, un cura joven con las cejas levantadas que podía entrar y salir a cualquier hora. Los médicos ya no volvieron. Partieron a Bretaña, con Nini; la abuela francesa se quedó en París, sorprendida y enfadada. Naturalmente, nadie se atrevió a decir con palabras el porqué de la enfermedad del niño. Nadie dijo nada, aunque todos sabían las razones. El general anhelaba el cariño, y cuando todos aquellos extraños se inclinaron sobre él, y cuando sintió aquel olor insoportable que emanaba de todo, decidió que prefería morirse. En Bretaña soplaba el viento y la marea bañaba los viejos guijarros. El mar rompía en las rocas rojizas. Nini estaba muy tranquila, miraba sonriendo el mar y el cielo como si ya los hubiese visto antes. En las cuatro esquinas del castillo se elevaban cuatro torres circulares, muy antiguas, construidas en piedra: los antepasados de la condesa vigilaban desde ellas a Surcouf el pirata. El niño cogió color, se reía mucho. Ya no temía nada, ya sabía que él y Nini juntos eran más fuertes que nadie. Se sentaban a orillas del mar, el viento ondulaba el borde del vestido azul marino de Nini, todo sabía a salado, hasta el aire, hasta las flores. Por las mañanas, cuando la marea se retiraba, los huecos de las rocas estaban llenos de arañas de mar con patas peludas, de cangrejos de panza roja, de pegajosas estrellas de mar de color malva. En el patio del castillo había una higuera centenaria que parecía un sabio oriental que sólo contara ya historias muy sencillas. Debajo del tupido follaje se escondía un frescor dulce de perfumes embriagadores. El niño se sentaba con su nodriza al pie de aquella higuera a mediodía, cuando el mar murmuraba con desmayo; callaban.

—Yo seré poeta —dijo él un día, levantando la vista y ladeando la cabeza.

Contemplaba el mar, su cabello rubio ondeaba en el viento cálido, tras las pestañas medio cerradas miraba la lejanía. La nodriza lo abrazó, atrayendo la cabeza hacia sus senos, y le respondió:

—¡Qué va! ¡Tú serás soldado!

—¿Como mi padre? —preguntó el niño, meneando la cabeza—. Mi padre también es poeta, ¿no lo sabías? Siempre está pensando en otra cosa.

—Es verdad —observó la nodriza, suspirando—. No salgas al sol, cielo mío. Te dolerá la cabeza.

Estuvieron largo rato sentados así al pie de la higuera. Escuchaban el mar: su rumor les era conocido. Murmuraba como murmuran los bosques en su patria. El niño y la nodriza pensaron que todo está conectado en el mundo.

5

Las cosas así no se suelen recordar hasta que han pasado muchos años. Transcurren varias décadas hasta que pasamos por una habitación a oscuras donde alguien murió, y entonces oímos el sonido del mar, las palabras de antaño. Como si aquellas pocas palabras hubiesen expresado el sentido de la vida. Sin embargo, más adelante habría siempre otras cosas de que hablar.

Aquel otoño, cuando regresaron de Bretaña, el guardia imperial los esperaba en Viena. Al muchacho lo inscribieron en el internado de la Academia Militar. Le entregaron un sable pequeño, pantalones largos y un chacó, y le pusieron un puñal al cinto. Los domingos sacaban a pasear por el Graben a todos los estudiantes vestidos con el uniforme azul marino. Parecían niños que juegan a soldados y para ello se visten de uniforme. Llevaban también guantes blancos, y saludaban con gracia al estilo militar.

La Academia Militar se encontraba cerca de Viena, en la cima de una colina. Era un edificio amarillo: desde las ventanas del segundo piso se veía la parte antigua de la ciudad, sus calles rectas y ordenadas, y también el palacio de verano del emperador, los tejados de Schönbrunn y los paseos construidos en medio del enorme jardín de la Academia, lleno de árboles frondosos. En los pasillos blancos y abovedados, en las aulas, en el comedor, en los dormitorios, en todas partes estaba todo tan minuciosamente organizado que aquel lugar parecía el único del mundo donde todo estuviera en orden y en su sitio, todo lo que en la vida ordinaria es desordenado e inútil. Los profesores eran oficiales retirados. Todo olía a salitre. En cada dormitorio dormían treinta muchachos, treinta muchachos de la misma edad, en estrechas camas de hierro, al igual que el emperador. Encima de la puerta de entrada había un crucifijo con candelillas de sauce bendecidas. Por las noches, los dormitorios quedaban iluminados por una ligera luz azulada. Por las mañanas los despertaban con el sonido de los clarines; durante los meses de invierno el agua se helaba a veces en las palanganas. Entonces los ordenanzas llevaban agua caliente de las cocinas, en unas jarras enormes.

Estudiaban griego, balística, conducta ante el enemigo e historia. El muchacho estaba siempre pálido y tosía con frecuencia. El páter lo sacaba a pasear por Schönbrunn todas las tardes de otoño. Avanzaban despacio por los paseos y las avenidas. Había en el camino una fuente de piedra, cubierta de musgo verde y moho, de la que manaba un agua dorada por los rayos del sol. Paseaban por los caminos rectos, construidos entre los árboles podados, y el muchacho caminaba con la espalda recta, levantando la mano derecha, enguantada en blanco, para saludar a los viejos oficiales al estilo militar, reglamentario, de una manera un tanto rígida; ellos daban sus paseos todas las tardes, vestidos de gala, como si cada día estuvieran celebrando el cumpleaños del emperador. A veces, pasaba por su lado una señora con la cabeza descubierta que llevaba una sombrilla blanca de encaje, pasaba rápido y el páter se inclinaba ante ella.

—La emperatriz —susurraba al muchacho.

El rostro de la señora era muy blanco, sus cabellos espesos y negros se recogían en una trenza triple que le rodeaba la cabeza. A tres pasos de distancia la seguía su dama de compañía, una señora vestida de negro que caminaba un tanto encorvada, como si estuviera cansada de andar con tanta prisa.

—La emperatriz —repetía el páter, en un tono muy devoto.

El muchacho miraba a la señora solitaria que iba casi corriendo por el camino del parque, como si huyera de algo.

—Se parece a mamá —dijo una vez el muchacho, porque se acordó del retrato que colgaba encima del escritorio, en el despacho de su padre.

—No digas eso: eso no se puede decir —respondió el cura castrense, muy serio.

Estudiaban desde la mañana hasta la noche, para saber lo que se podía decir y lo que no. En la Academia, donde estudiaban cuatrocientos muchachos, había un silencio parecido a la quietud de una bomba momentos antes de estallar. Había muchachos de todas partes, llegados de mansiones checas, de haciendas de Moravia, de castillos del Tirol, de casas solariegas de Estiria, de palacetes con postigos cerrados de las cercanías del Graben, de casas rurales húngaras: todos eran rubios, de nariz respingona y de manos blancas y lánguidas, todos tenían apellidos larguísimos, llenos de consonantes y con varias partículas, todos tenían título y rango, pero en la Academia todos tenían que dejar su identidad en el guardarropa, con su elegante indumentaria civil, confeccionada en Viena y en Londres, con su ropa interior hecha en Holanda. Solamente conservaban el primer apellido que distinguía a cada uno, a cada muchacho que aprendía lo que se podía decir y hacer y lo que no. Había entre ellos eslavos de frente estrecha, en cuya sangre se mezclaban todos los rasgos y características del Imperio; había aristócratas de diez años, lánguidos y con ojos azules, que miraban al vacío como si sus antepasados lo hubiesen visto todo, como si ya lo hubiesen mirado todo por ellos también; y hubo un conde del Tirol que se mató allí a los doce años, porque estaba enamorado de una prima hermana.

Konrád dormía en la cama contigua a la suya. Tenían diez años cuando se conocieron.

Era fornido pero delgado, como los muchachos de las razas muy antiguas, en cuyo cuerpo los huesos prevalecen sobre la carne. Era lento sin ser perezoso, como si calculara su propio ritmo a conciencia. Su padre era funcionario del Estado en Galitzia y había recibido por ello el rango de barón; su madre era polaca. Cuando el muchacho reía, le aparecía en las comisuras de la boca un rasgo típico, infantil, característico de los eslavos. Reía poco. Era callado y siempre estaba atento.

Convivieron con naturalidad desde el primer momento, como gemelos en el útero de su madre. Para ello no tuvieron que hacer ningún «pacto de amistad», como suelen los muchachos de su edad, cuando organizan solemnes ritos ridículos, llenos de pasión exagerada, al aparecer la primera pasión en ellos —de una forma inconsciente y desfigurada—, al pretender por primera vez apropiarse del cuerpo y del alma del otro, sacándole del mundo para poseerlo en exclusiva. Esto y sólo esto es el sentido del amor y de la amistad. La amistad entre los dos muchachos era tan seria y tan callada como cualquier sentimiento importante que dura toda una vida. Y como todos los sentimientos grandiosos, también contenía elementos de pudor y de culpa. Uno no puede apropiarse de una persona y alejarla de todos los demás sin tener remordimientos.

Ellos supieron, desde el primer momento, que su encuentro prevalecería durante toda su vida. El húngaro era alto, delgado y frágil: en aquella época lo examinaba el médico cada semana, puesto que sus educadores se preocupaban por sus pulmones. A petición del director de la Academia —un coronel moravo—, el guardia imperial viajó hasta Viena para consultar personalmente con los médicos. De todo lo que le dijeron los médicos, él solamente entendió una palabra, la palabra «peligro». El muchacho no está mal, no tiene ninguna enfermedad, decían, pero está predispuesto para la enfermedad. Peligro, repetían, así, en general. El guardia imperial se alojaba en una fonda llamada El Rey de Hungría, al lado de la catedral de San Esteban, en una calle contigua, oscura, donde ya su abuelo tenía la costumbre de hospedarse. Los pasillos estaban decorados con cornamentas de ciervos. Los criados saludaban al guardia imperial diciéndole: «Le beso la mano.» Alquiló dos habitaciones, dos habitaciones oscuras, abovedadas, llenas de muebles tapizados en seda amarilla. El muchacho se alojó con él durante aquellos días, convivieron en la fonda en la que estaban grabados los nombres de los huéspedes habituales encima de cada puerta, como si el edificio fuera un claustro mundano, para señores de la monarquía que viajaban solos. Por las mañanas paseaban en carroza por el Prater. Las mañanas eran ya frescas, pues estaban a primeros de noviembre. Por las noches iban al teatro, donde los actores exageraban sus papeles heroicos, gesticulaban, chillaban y se mataban, echándose sobre sus espadas. Después iban a cenar a un restaurante donde ocupaban una sala sólo para ellos, con varios camareros a su servicio. El muchacho convivía con su padre sin decir palabra, con la cortesía de un señor mayor, como si estuviera conteniendo algo, como si le estuviera perdonando algo.

—Dicen que es un peligro —observó el padre, más bien para sí, después de cenar, mientras prendía un puro gordo y negro—. Si quieres, puedes regresar a casa. Sin embargo, yo preferiría que no tuvieras miedo de ningún peligro.

—No tengo miedo de nada, padre —respondió el muchacho—. Lo único que quiero es que Konrád se quede siempre con nosotros. Su familia es pobre. Me gustaría que viniera a casa y que pasase el verano con nosotros.

—¿Es amigo tuyo? —preguntó el padre.

—Sí.

—Entonces es amigo mío también —dijo con seriedad.

Vestía frac y camisa de encaje: últimamente ya no se ponía el uniforme. El muchacho no decía nada, se sentía aliviado. Sabía que podía confiar en la palabra de su padre. Lo conocían por todos los sitios por donde pasaban en Viena, en todas las tiendas: en la guantería, en la camisería, en la sastrería, en todos los restaurantes donde los solemnes *maîtres* controlaban las mesas; incluso en las calles, donde lo saludaban con alegría hombres y mujeres desde los coches.

—¿Vas a ver al emperador? —preguntó el muchacho unos días antes de que su padre partiera.

—Al rey —dijo el padre, corrigiéndolo en tono severo, y añadió—: No voy a verlo nunca más.

El muchacho comprendió que algo había pasado entre los dos. El último día de estancia de su padre, le presentó a Konrád. La noche anterior se durmió con fuertes latidos del corazón: se sentía como antes de un compromiso. «No se puede hablar del rey en su presencia», avisó a su amigo. El padre estuvo generoso, simpático, como un gran señor. Con un apretón de manos recibió a Konrád en la familia.

Desde aquel día, el muchacho tosió menos. Ya no estaba solo. No soportaba la soledad entre la gente.

Su educación —que había recibido en la mansión del bosque y en París, a través de su madre, y que llevaba en la sangre— le prohibía hablar de lo que le dolía, y le obligaba a soportarlo todo sin quejarse. Lo mejor es no hablar de nada, eso le habían enseñado. Sin embargo, no podía vivir sin ser amado: ésta también era su herencia. Quizás aquella mujer francesa había introducido en la familia el deseo de mostrar los sentimientos a los demás. En la familia de su padre no estaba bien visto hablar de sentimientos. Pero el muchacho necesitaba amar a alguien: a Nini, a Konrád, y así no tenía fiebre, no tosía, su rostro blanco y delgado se volvía rosado, se llenaba de entusiasmo y de confianza. Estaban en la época en que los muchachos todavía no tienen el sexo definido: como si no hubiesen escogido todavía. Cada quince días, el muchacho se hacía cortar al cero el cabello rubio y ondulado, que detestaba por femenino. Konrád era más masculino, más tranquilo. Se abría delante de ellos la época de la adolescencia, y ya no temían a nada, porque no estaban solos.

Al final del primer verano, la madre francesa observó desde la puerta de la mansión a los dos muchachos que subían al coche para volver a Viena. Cuando partieron, le dijo a Nini, sonriendo:

—Por fin, un matrimonio bien avenido.

Sin embargo, Nini no sonreía. Los muchachos llegaban juntos cada verano, más adelante empezaron a pasar las vacaciones de Navidad también juntos, en la mansión. Era común todo lo que tenían: sus trajes, su ropa interior; en la mansión compartían la misma habitación, leían el mismo libro a la vez, juntos descubrían Viena y los bosques, la lectura y la caza, montar a caballo y la vida militar, la amistad y el amor. Nini se preocupaba, a lo mejor estaba un tanto celosa. Aquella amistad ya duraba cuatro años, los dos muchachos empezaban a aislarse del mundo, tenían sus secretos. Su relación era cada día más profunda, más tensa. El hijo del oficial de la Guardia se ufanaba por tener un amigo como Konrád, quería presentárselo a todo el mundo, enseñarlo como si fuera una obra de arte, y también quería encerrarlo, aislarlo de los demás, como si temiera que se lo fuesen a quitar.

—Es demasiado —dijo Nini a la madre—. Un día se irá. Entonces sufrirá mucho.

—Así es la vida humana —respondió la madre, sentada ante el espejo, observando su belleza que empezaba a marchitarse—. Un día todos hemos de perder al ser amado. Quien no lo soporte, no merece conmiseración alguna, porque no es un hombre hecho y derecho.

En la Academia, los demás muchachos dejaron pronto de hacer bromas sobre su amistad: se acostumbraron a ella, como a un fenómeno natural. Cuando hablaban de cualquiera de los dos, mencionaban a ambos: «Henrik y Konrád» o «Konrád y Henrik». No se permitían broma alguna sobre su relación. Había algo en ella, ternura, seriedad, entrega, algo de fatalidad, y todo este resplandor desarmaba hasta a los más bromistas. En toda comunidad humana se tienen celos de este tipo de relaciones. La gente no desea nada con más fervor que una amistad desinteresada. La desea con fervor, aunque sin esperanza. En la Academia, los demás muchachos se refugiaban en la vanidad de sus orígenes, en sus estudios, en las diversiones tempranas o en las hazañas deportivas, en los amores prematuros, caóticos y dolorosos. La amistad de Konrád y Henrik brillaba en este caos humano como la luz suave de una ceremonia votiva medieval. No hay nada más singular entre dos muchachos que ese tipo de afecto sin egoísmos, sin intereses, un afecto donde no se desea nada del otro, donde no se pide nada, ninguna ayuda, ningún sacrificio. Normalmente, los jóvenes suelen pedir sacrificios a las personas a quienes entregan sus esperanzas. Los dos muchachos sentían que vivían en un estado de gracia, un estado que no se puede nombrar, un estado maravilloso de la vida humana.

No había nada más tierno en su vida que esta relación. Ni siquiera lo hubo más tarde, cuando la vida les trajo deseos refinados y rudos, sentimientos fuertes, ataduras fatales y apasionadas: todo esto resultó más brutal, más inhumano. Konrád era serio y pudoroso, como cualquier hombre verdadero, incluso a los diez años. Cuando los muchachos de la Academia empezaron a volverse adolescentes y a hacer indecencias, tratando con triste fanfarronería de conocer los secretos de la vida adulta, Konrád hizo jurar a Henrik que ellos vivirían en la pureza. Mantuvieron su palabra durante largos años. No les fue fácil. Se confesaban cada quince días: preparaban juntos la lista de sus pecados. Sus deseos se declaraban en la sangre, en los nervios: los dos muchachos se volvían pálidos y se mareaban con cada cambio de estación. Pero seguían viviendo en la pureza, como si la amistad —cuya capa mágica cubría sus jóvenes vidas— pudiera compensarlo todo, todo aquello que los demás, los curiosos y los impacientes, perseguían entre terribles sufrimientos que los conducían hacia los paisajes oscuros de los bajos fondos de la vida.

Los dos vivían según un orden establecido por siglos de práctica y de experiencia. Cada mañana se desnudaban de cintura para arriba, se vendaban, se ponían la careta y dedicaban una hora a la esgrima en el gimnasio de la Academia. Luego montaban a caballo. Henrik era muy hábil. Konrád luchaba desesperadamente para encontrar el equilibrio y la seguridad, su cuerpo carecía de la memoria de tal capacidad, de tal herencia genética. Henrik aprendía todo con facilidad, Konrád tenía dificultades, pero retenía todo lo aprendido de una manera desesperada, con codicia, como si supiera que aquello era su único tesoro en el mundo. Henrik se desenvolvía con facilidad entre los demás, sin prestarles atención, con superioridad, como alguien que ya no se sorprende con nada; Konrád se comportaba con más rigidez, respetando siempre las normas vigentes. Un verano viajaron a Galitzia, para visitar a los padres de Konrád.

Eran ya jóvenes oficiales. El barón —un hombre mayor, calvo y sumiso, molido por cuarenta años de servicio público y por las insatisfechas pretensiones sociales de una noble polaca— se desvivía con una devoción un tanto confusa por atender a la diversión de los dos jóvenes señoritos. La ciudad desprendía un aire pesado, con sus torres antiguas, con la fuente en medio de la plaza mayor, cuadrangular, con sus casas de habitaciones oscuras, abovedadas. Sus habitantes —ucranianos, alemanes, judíos y rusos— vivían en un bullicio oficialmente controlado, como si existiese en la ciudad, en las casas oscuras de aire viciado, una corriente cada vez más fuerte, una especie de revolución o simplemente una insatisfacción mezquina y murmuradora; o ni siquiera eso: las casas, las plazas, la vida entera de aquella ciudad se caracterizaban por el nerviosismo viciado y el ambiente de espera de un zoco. Tan sólo la catedral se mantenía tranquilamente alejada de este bullicio, de este ruido constante, con su torre fuerte y sus grandes bóvedas, como si por una sola y única vez —y con todas sus consecuencias— alguien hubiese declarado una ley todavía vigente, definitiva y eterna. Los dos jóvenes se alojaban en una fonda, puesto que en la casa del barón sólo había tres habitaciones muy pequeñas. La primera noche, después de una cena copiosa, con carnes grasientas y vinos olorosos y fuertes —que el padre de Konrád, viejo empleado del Estado, y la madre polaca, melancólica y maquillada con colores vivos, morados y rojos, como una cacatúa, servían con una excitación devota y triste en aquella casa de aspecto pobre, como si la felicidad de aquel hijo al que veían poco dependiese de la calidad de los platos—, los dos jóvenes oficiales se quedaron un rato sentados en un rincón oscuro del comedor de la fonda, decorado con palmeras polvorientas. Bebían un vino pesado y fuerte, un vino húngaro, fumaban y callaban.

—Ahora ya los conoces —dijo Konrád.

—Sí —respondió el hijo del guardia imperial, con cierto sentimiento de culpa.

—Entonces ya lo sabes todo —añadió el otro, con sosiego y seriedad—. Ya te puedes imaginar lo que han estado haciendo por mí durante veintidós años.

—Claro —dijo Henrik, y se le hizo un nudo en la garganta.

—Cada par de guantes —explicaba Konrád— que he tenido que comprarme, para ir contigo al teatro, llegaba de aquí. Si me compro una silla de montar, ellos no comen carne durante tres meses. Si doy una propina en una fiesta, mi padre no fuma puros durante una semana. Y todo esto dura ya veintidós años. Sin embargo, nunca me ha faltado de nada. En algún lugar lejano de Polonia, en la frontera con Rusia, existe una hacienda. Yo no la conozco. Era de mi madre. De allí, de aquella hacienda llegaba todo: los uniformes, el dinero para la matrícula, las entradas para el teatro, hasta el ramo de flores que envié a tu madre cuando pasó por Viena, el dinero para pagar los derechos de los exámenes, los costes del duelo que tuve que afrontar con aquel bávaro. Todo, desde hace veintidós años. Primero vendieron los muebles, luego el jardín, las tierras, la casa. Después vendieron su salud, su comodidad, su tranquilidad, su vejez, las pretensiones sociales de mi madre, la posibilidad de tener una habitación más en esta ciudad piojosa, la de tener muebles presentables y la de recibir visitas. ¿Lo comprendes?

—Lo siento mucho —dijo Henrik, nervioso y pálido.

—No tienes por qué disculparte —dijo su amigo, muy serio—. Sólo quería que lo supieras, que lo conocieras. Cuando aquel bávaro me atacó con la espada desenvainada, cuando se esforzaba por herirme, muy alegremente, como si fuera una broma excelente querer cortarme en pedazos y dejarme inválido por pura vanidad, yo veía el rostro de mi madre, me acordaba de ella, la veía yendo al mercado todas las mañanas, para que la cocinera no le robase un par de monedas, porque un par de monedas diarias significan todo un dinero al final del año, un dinero que me puede mandar a mí en un sobre... En aquel momento habría podido matar de verdad al bávaro, porque él quería hacerme daño por pura vanidad, porque no sabía que el menor rasguño que me hiciese habría sido un pecado mortal contra dos personas de Galitzia que han sacrificado su vida por mí sin decir palabra. Cuando yo doy una propina a un criado en vuestra casa, gasto algo de su vida. Es difícil vivir así —dijo, y se puso muy colorado.

—¿Por qué? —preguntó el otro, muy bajito—. ¿No crees que ellos disfrutan así, con todo eso?...

—Quizás —dijo el joven, y luego se calló. Nunca había hablado de todo esto. En aquel momento lo había articulado balbuceando, sin mirar a los ojos de su amigo—. Para mí es muy difícil vivir así. Es como si mi vida no me perteneciese. Cuando me pongo enfermo, me asusto, como si estuviera gastando algo que no es mío, como si mi salud no fuera mía. Soy soldado, me educaron para matar, para que me mataran, llegado el caso. Lo he jurado. Pero ellos ¿para qué han soportado todo esto, si a mí me pueden matar? ¿Lo comprendes? Ellos llevan veintidós años viviendo en esta ciudad de aire viciado, donde todo huele tan mal como en una casa sucia, como en una posada de tercera categoría... toda la ciudad huele a comida barata, a perfumes baratos y a camas sucias. Aquí viven ellos, sin protestar. Hace veintidós años que mi padre no viaja a Viena, donde nació y creció. Hace veintidós años que no se permiten ni un viaje, que no compran ni una prenda que no sea absolutamente necesaria, que no disfrutan de una excursión en verano, porque han querido hacer de mí algo perfecto, una obra de arte, algo que ellos no han podido alcanzar en su vida, algo para

44

lo cual han sido demasiado débiles. A veces, cuando quiero hacer algo, se me paralizan las manos. Siento una enorme responsabilidad. Incluso he llegado a desear su muerte —añadió en voz muy baja.

—Lo comprendo.

Pasaron cuatro días en la ciudad. Cuando partieron, sintieron por primera vez que algo había ocurrido entre los dos. Como si uno de los dos le debiera algo al otro. Aunque todo esto no se podía precisar con palabras.

6

Konrád tenía un refugio adonde su amigo no podía seguirle: la música. Era como si tuviera un lugar secreto, sólo para él, donde nadie en el mundo pudiera alcanzarlo. Henrik tenía callos en los oídos, le bastaba con la música cíngara y los valses de Viena.

En la Academia nunca se hablaba de música; aunque la toleraran y la perdonaran, tanto los profesores como los demás estudiantes, como un capricho pasajero, típico de la juventud. Todo el mundo tiene su punto débil. Hay quien cría perros y quien monta a caballo. Es mejor que jugar a las cartas, pensaban. Es menos peligroso que las mujeres, pensaban.

El general sospechaba que la música no era una pasión tan exenta de peligros. Naturalmente, en la Academia no toleraban ninguna rebeldía, ni siquiera la rebeldía musical. El conocimiento de la música, del concepto de la música, formaba parte, hasta cierto punto, de la educación, pero solamente en un sentido general. Sólo sabían de la música que se ejecuta con trompetas y tambores, que el director va delante, alzando a veces un bastón de plata, y que detrás de los músicos marcha un poni, arrastrando un enorme tambor. Esta música suena fuerte y ordenada, proporciona la disciplina necesaria para el desfile de las tropas, atrae a los civiles a la calle, y constituye una parte indispensable en cualquier ceremonia militar. Los soldados desfilan más disciplinados al compás de la música. Aquella música era a veces divertida, a veces pomposa y festiva. Por lo demás, nadie en absoluto prestaba ninguna atención a la música.

Konrád sí que palidecía cada vez que escuchaba música. Cualquier tipo de música, incluso la más popular, lo tocaba tan de cerca como si le estuvieran tocando el cuerpo de verdad. Palidecía, sus labios temblaban. La música le decía algo que los demás no podían comprender. Probablemente las melodías no le hablasen al intelecto. La disciplina en la que vivía, en la que había crecido, la disciplina que le había ayudado a obtener su lugar y su rango en el mundo, la disciplina que él mismo había elegido de manera voluntaria —como el creyente que escoge por sí solo la culpa y el castigo—, esa disciplina desaparecía en tales momentos, y su cuerpo tenso y crispado se relajaba. Era como cuando en las ceremonias militares, después de una larga revista de la tropa, se escucha la orden de descanso. Sus labios temblaban, como si hubiese querido decir algo. En esos momentos se olvidaba por completo de dónde estaba, sus ojos sonreían, miraba al vacío, no veía nada de lo que le rodeaba: no veía a sus superiores ni a sus compañeros, ni siquiera a las damas elegantes ni al público del teatro. Escuchaba la música con todo su cuerpo, con una atención parecida a la que presta un condenado en su celda al ruido de pasos que quizás lleven la noticia de su salvación. En esos momentos no oía a quienes se dirigían a él. La música rompía en pedazos el mundo a su alrededor, cambiaba las leyes establecidas de manera artificial durante unos instantes: en esos momentos Konrád no era un soldado. Una noche de verano, mientras Konrád interpretaba en la mansión una pieza a cuatro manos con la madre del general, sucedió algo. Estaban sentados en el salón, antes de la cena; el guardia imperial y su hijo escuchaban la música, respetuosos, sentados en un rincón, con atención y paciencia, como cuando alguien dice: «La vida está llena de obligaciones, la música también hay que soportarla. No es de buena educación contradecir a las señoras.» La madre ejecutaba la pieza con pasión: tocaban la *Polonesa-Fantasía* de Chopin. Era como si todo se hubiese revuelto en el salón. El padre y el hijo sentían, sentados en sus sillones en aquel rincón, en su espera paciente y disciplinada, que en los dos cuerpos, en el cuerpo de Konrád y en el de la madre, estaba sucediendo algo. Era como si la rebeldía de la música hubiese elevado los muebles, como si una fuerza invisible hubiera movido las pesadas cortinas desde el otro lado de las ventanas; era como si todo lo que había sido enterrado en los corazones humanos, todo lo corrompido y descompuesto reviviera, como si en el corazón de cada uno se escondiese un ritmo mortal que empezara a latir en un momento dado de la vida con una fuerza inexorable. Los oyentes disciplinados comprendieron que la música podía ser peligrosa. Los otros dos, la madre y Konrád, sentados al piano, no hacían caso de los peligros. La *Polonesa-Fantasía* era tan sólo un pretexto para desatar en el mundo unas fuerzas que todo lo mueven, que lo hacen estallar todo, todo lo que la disciplina y el orden humanos intentan ocultar. Estaban sentados al piano, rígidos y erguidos, con sus cuerpos tensos, ligeramente inclinados hacia atrás, como si la música hiciera surcar los aires a unos invisibles corceles de fábula que arrastraran una carroza ardiente, avanzando en medio de una tormenta, por encima del mundo, galopando; y ellos dos parecían tener bien sujetas, con el cuerpo erguido y las manos firmes, las riendas de aquellas fuerzas desatadas. De repente, la música terminó con un golpe seco. Un rayo de sol crepuscular penetró por la ventana abierta; en su halo luminoso bailaban unas motitas doradas de polvo, como si los corceles celestiales de la música ya lejana hubiesen levantado el polvo del camino del cielo que lleva a la nada y a la destrucción.

—Chopin —observó la señora francesa, con la respiración entrecortada—. Su padre era francés.

—Y su madre polaca —replicó Konrád, y miró por la ventana, ladeando la cabeza—. Era pariente de mi madre —añadió después, sin darle importancia, como si aquella relación fuera algo vergonzoso.

Todos le prestaron atención máxima, puesto que en su voz resonaba una tristeza como la que suena en la voz de los desterrados cuando hablan de su patria, de su nostalgia. El guardia imperial también observaba al amigo de su hijo con atención, como si lo estuviese mirando por primera vez. Por la noche, cuando se quedó a solas con su hijo en la sala de fumar, le dijo:

—Konrád nunca será un soldado de verdad.

—¿Por qué? —preguntó el hijo, asustado.

Sabía que su padre tenía razón. El guardia imperial se encogió de hombros. Seguía fumando, sentado con las piernas estiradas hacia la chimenea, mirando el humo del cigarro. Respondió con la certeza y la superioridad de los entendidos:

—Porque es diferente.

El padre no vivía ya y pasaron muchos años hasta que el general comprendió el significado de la frase.

7

Uno siempre conoce la verdad, la otra verdad, la verdad oculta tras las apariencias, tras las máscaras, tras las distintas situaciones que nos presenta la vida. Los dos jóvenes habían crecido juntos, habían jurado bandera juntos, y vivían juntos en Viena, porque el guardia imperial había conseguido que su hijo y Konrád pasaran los primeros años de servicio cerca de la corte. Alquilaron un piso cerca del parque de Schönbrunn, en la primera planta de una casa estrecha, de fachada gris. Las ventanas del piso daban a un jardín largo y estrecho, repleto de ciruelos: el aire estaba cargado con el olor de las frutas. Disponían de tres habitaciones, se las alquilaba la viuda sorda de un médico del ejército. Konrád alquiló un piano, pero tocaba poco, como si tuviera miedo de la música. Vivían en aquel piso como dos hermanos, y el hijo del guardia imperial sospechaba con preocupación, a veces, que su amigo tenía secretos.

Konrád era «diferente» y no se le podía interrogar sobre sus secretos. Siempre estaba tranquilo. Nunca discutía. Vivía, se relacionaba con sus compañeros, se movía por el mundo como si el servicio militar no acabase nunca, como si la vida entera fuera una disciplina, un servicio, no solamente durante el día, sino también por la noche. Eran oficiales jóvenes, y el hijo del guardia imperial tenía, a veces, la preocupante sensación de que Konrád vivía como si fuera un monje. Como si no viviera en este mundo. Como si después de las horas oficiales de servicio comenzase para él otro servicio, más complicado y más cargado de responsabilidades; lo mismo que para un joven monje no solamente constituyen el servicio las horas de oración y de piadosas ceremonias, sino también los momentos de soledad, de reflexión, incluso de reposo. Temía la música, a la cual lo ataban unos lazos invisibles, no solamente en el nivel mental, sino también en el corporal, como si el significado profundo de la música constituyese un mandato superior, algo que pudiera desviarlo de su camino, que pudiera romper algo en él. Por las mañanas montaban a caballo juntos, en el Prater o en el Picadero, luego Konrád cumplía con el servicio, regresaba a su casa del barrio de Hietzing, y a veces pasaba semanas enteras sin salir por las noches. En aquella casa vieja todavía se utilizaban velas y lámparas de petróleo para la iluminación; el hijo del guardia imperial volvía casi siempre después de medianoche: llegaba de algún baile, de alguna fiesta, y ya desde la calle veía, en la ventana de su amigo, la luz tenue, irregular y acusadora de las velas. En la señal luminosa de aquella ventana había algo de reproche. El hijo del guardia imperial le entregaba una moneda al cochero, se detenía en la calle silenciosa, delante del viejo portal, se quitaba los guantes, buscaba la llave, y tenía la sensación de haber vuelto a engañar a su amigo. Llegaba del mundo exterior, donde sonaba la música en los restaurantes, en las salas de baile, en los salones del centro de la ciudad, aunque se trataba de una música distinta de la que su amigo prefería. Esa música sonaba para que la vida fuera más placentera, más festiva, para que brillaran los ojos de las señoras, para que chispeara la vanidad de los caballeros. Para esto sonaba la música en los sitios donde el hijo del guardia imperial gastaba las noches de su juventud. La música que

Konrád prefería no sonaba para que la gente olvidara ciertas cosas, sino que despertaba pasiones, despertaba incluso un sentimiento de culpa, y su propósito era lograr que la vida fuera más real en el corazón y en la mente de los seres humanos. Esta música es temible, pensó el hijo del guardia imperial, y empezó a silbar muy bajo, con terquedad, un vals vienés. En aquella época estaban muy de moda en Viena los valses de un compositor joven, un tal Strauss. Buscó la llave en el bolsillo, empujó la puerta centenaria, pesada y difícil de abrir, atravesó el amplio pasillo, apenas iluminado por una lámpara de aceite en el abovedado zaguán que olía a moho, y se detuvo un instante para echar un vistazo al jardín, cubierto de nieve e iluminado blancamente por la luz de la luna, como dibujado con una tiza en medio de los límites que trazaban en negro los demás objetos y fenómenos. Todo parecía pacífico. Viena dormía. Dormía profundamente bajo la nieve que caía. Incluso el emperador dormía en la Hofburg, y cincuenta millones de personas dormían en su Imperio. El hijo del guardia imperial sentía que él también tenía que ver con aquel silencio, que él también contribuía a velar por los sueños y por la seguridad del emperador y de sus cincuenta millones de súbditos, incluso aunque no hiciera otra cosa que llevar su uniforme con dignidad, frecuentar la alta sociedad, oír valses, beber tintos franceses, y charlar con las señoras y los caballeros sobre los asuntos que ellos esperaban de él. El hijo del guardia imperial sentía que estaba obedeciendo órdenes superiores, muy apremiantes, órdenes escritas y no escritas, y que esta obediencia era la misma, estuviera donde estuviese, en el cuartel, en el campo de tiro, en los salones; que siempre estaba de servicio. Su seguridad se apoyaba en esta base, como la de cincuenta millones de personas: sabía que el emperador se acostaba antes de medianoche y que se levantaba con el alba, que se sentaba al lado de su escritorio, a la luz de una vela, en su butaca americana de mimbre, y que todos los que le habían jurado fidelidad obedecerían siempre aquellas órdenes, aquellas leyes y aquellas costumbres que regían su vida. Naturalmente, esta obediencia era algo más profundo que el respeto a unas cuantas reglas. Había que llevar la obediencia en el corazón: esto era lo más importante. Había que tener la convicción de que todo estaba en su sitio. Tenían veintidós años por entonces, el hijo del guardia imperial y su amigo.

Vivían en Viena, eran jóvenes oficiales. El hijo del guardia imperial subió la escalera, silbando los acordes del vals, muy bajo. Todo el edificio tenía un ligero olor a moho, las habitaciones, la escalera, y también un olor dulzón, un olor a fruta confitada. Aquel invierno los carnavales brotaron en Viena con la rapidez de una leve epidemia de alegría. Había bailes todas las noches, en los salones blancos y dorados, iluminados por las llamas oscilantes de las lámparas de gas que temblaban como alas de mariposa. Nevaba mucho, y los cocheros transportaban a los amantes bajo la nieve sin hacer ruido. Toda Viena bailaba bajo la nieve, y por las mañanas el hijo del guardia imperial iba al viejo Picadero, para contemplar los ejercicios de los jinetes españoles y de los blancos caballos lipizzanos, de pura raza. Había algo vivo, semejanza en los cuerpos de los jinetes y de los caballos: una especie de elegancia y de nobleza compartida, un sentimiento de gozo y de ritmo, mezclado con un ligero sentimiento de culpa; de la misma manera que sucede en la conciencia de cualquier alma antigua y cuerpo noble. Después, daba largos paseos, pues era joven. Se detenía delante de los escaparates del centro de la ciudad, en la parte de la avenida principal donde los jóvenes observaban a las señoras y señoritas; los viejos cocheros y los camareros de cierta edad lo reconocían porque se parecía a su padre. Viena era como una gran familia, el Imperio también, con los húngaros, los alemanes, los moravos, los checos, los serbios, los croatas y los italianos; y en esta gran familia todo el mundo tenía la sensación secreta de que en medio de los deseos de aventura, las predisposiciones, las pasiones, solamente el emperador era capaz de mantener el orden: el emperador, que era a la vez un sargento jubilado y Su Majestad, un simple funcionario y un *grand seigneur*, un rústico y un soberano. Viena rebosaba alegría. En las céntricas cervecerías abovedadas y con olor a moho se servía la mejor cerveza del mundo, y con las campanadas del mediodía las calles se llenaban de olor a *gulasch*, y entonces todo desprendía un sentimiento afable y jovial que colmaba las calles, que colmaba las almas, como si la paz del mundo fuera a durar eternamente. Las señoras llevaban manguitos negros de piel, sombreros adornados con plumas, y bajo los copos de nieve, sus naricitas y sus ojitos brillaban escondidos detrás de sus velos. A las cuatro de la tarde se encendían las lámparas de gas en todos los cafés, y se comenzaba a servir el café con nata, ocupando los militares y los funcionarios sus mesas reservadas; las señoras se escondían en el fondo de los carruajes, con el rostro colorado por el frío, y tomaban la dirección del estudio de soltero correspondiente, donde ya ardía una estufa de leña: eran los días de carnaval, y el amor se rebelaba y echaba sus lazos en la ciudad como si los agentes de un grandioso complot que abarcara a todas las capas sociales estuvieran incitando y excitando a todas las almas. Una hora antes del comienzo de las funciones de los teatros, en las bodegas del palacio del príncipe Esterházy, en el centro de la ciudad, se reunían en secreto los amantes de los vinos fogosos; en los salones del hotel Sacher empezaban a prepararse las mesas de los representantes de la nobleza; y los caballeros polacos —amontonados en las tabernas llenas de humo y de aire viciado, recién abiertas al público en los alrededores de la catedral de San

Esteban— bebían aguardientes de mucha graduación, agitados y tristes por la desventura de su patria. También había ciertas horas durante aquel invierno en Viena en que, por momentos, todo el mundo parecía feliz. El hijo del guardia imperial se acordó de ello, mientras silbaba bajo y sonreía. Al entrar en el piso, sintió el calor de la estufa, que era como un apretón de manos muy familiar. Todo era espacioso en aquella ciudad, y todo estaba en su sitio, todo y todos; hasta los nobles eran un tanto rústicos, y hasta los porteros de las casas mantenían y respetaban el orden social con placer, un orden que parecía infinito y al mismo tiempo humano. El criado que estaba sentado al lado de la estufa se puso de pie, cogió su abrigo, su gorro y sus guantes, y con la otra mano bajó de la repisa de la chimenea blanca —donde se mantenía caliente— la botella de vino tinto francés que el hijo del guardia imperial solía beber cada noche antes de acostarse, para despedir los recuerdos ligeros del día y de la noche con el sabor pesado y sabio del espeso caldo de Borgoña. El criado —como siempre— llevó el vino en una bandeja detrás de él, a la habitación de Konrád.

A veces charlaban hasta el alba en la sombra de aquella habitación, hasta que la estufa se quedaba fría y el hijo del guardia imperial terminaba la última gota de la botella de Borgoña. Konrád hablaba de sus lecturas y el hijo del guardia imperial de sus experiencias de la vida. Konrád no disponía de dinero suficiente para estas experiencias; su condición de militar era para él un oficio, con su uniforme, con su rango: un oficio cargado de obligaciones delicadas y complicadas. El hijo del guardia imperial pensaba que era preciso mantener su amistad y su alianza —complejas y frágiles como cualquier relación humana intensa y cargada de fatalidad— alejadas de los asuntos del dinero, alejadas incluso de la sombra de la envidia o de la falta de tacto. Esto no resultaba fácil. Hablaban de todo ello como si fueran hermanos. El hijo del guardia imperial suplicaba a Konrád, en un tono reservado, que aceptara parte de su fortuna, ya que él era incapaz de gastarla solo. Konrád le explicaba que no podía aceptar ni un céntimo de su dinero. Los dos sabían que era así: el hijo del guardia imperial no podía darle dinero a Konrád y se veía obligado a llevar aquella vida, como correspondía a su rango y a sus apellidos; mientras que Konrád cenaba en casa, también en soledad: solía cenar huevos revueltos cinco veces a la semana, y revisaba personalmente la ropa lavada en la tintorería. Todo esto carecía de importancia. Lo que sí importaba era salvaguardar su amistad, por encima del dinero, salvaguardarla para toda la vida. Konrád envejecía con rapidez. A los veinticinco años ya necesitaba gafas para leer. Cuando su amigo llegaba a casa, por las noches, tras sus andanzas por Viena y por el mundo, olía a tabaco y a perfume, y traía un aspecto un tanto descuidado, el aspecto de un adolescente embriagado por los aires mundanos; y era entonces cuando charlaban, en voz baja, durante horas, como dos cómplices, como si Konrád fuera un mago que permanece siempre en casa, reflexionando sobre el significado del destino de las personas y de los efímeros fenómenos humanos, mientras su criado anda por el mundo recogiendo las noticias secretas de la vida de los hombres. Konrád leía preferentemente libros ingleses sobre la historia de la convivencia humana, sobre el desarrollo social. El hijo del guardia imperial solamente leía libros sobre caballos y sobre viajes. Como se amaban, se perdonaban mutuamente su pecado original: Konrád perdonaba la fortuna de su amigo y el hijo del guardia imperial perdonaba la pobreza de Konrád.

Aquella «diferencia» que el padre había observado mientras Konrád y la condesa tocaban la *Polonesa-Fantasía* otorgaba a Konrád un dominio sobre el alma de su amigo.

¿Qué significaba este dominio? El poder humano siempre conlleva un ligero desprecio, apenas perceptible, hacia aquellos a quienes dominamos. Solamente somos capaces de ejercer el poder sobre las almas humanas si conocemos a quienes se ven obligados a someterse a nosotros, si los comprendemos y si los despreciamos con muchísimo tacto. Aquellas charlas nocturnas en la casa de Hietzing se convirtieron con el tiempo en conversaciones entre maestro y discípulo, llegando a adquirir este aspecto. Konrád —como todos los seres humanos que se ven obligados por su predisposición y por las circunstancias a una soledad prematura— hablaba del mundo con burla, con un leve desprecio mezclado con un interés inútil, como si lo que ocurría y se podía observar en el otro lado, en la otra orilla, sólo pudiera importar a los niños o a seres menos avisados si cabe. Sin embargo, su voz denotaba también cierta nostalgia: los jóvenes siempre sienten deseo y nostalgia por algo, por una patria sospechosa, indiferente, temible, por esa patria llamada mundo. Cuando Konrád —en un tono amistoso, pero superior, divertido, y sin darle importancia al asunto— se burlaba del hijo del guardia imperial por todo lo que éste había experimentado en el mundo, se notaba en su voz todo ese sofoco, esa sed insaciable, ese deseo.

Así vivían entre las quimeras de la juventud, desempeñando unos papeles —que eran también un oficio— que proporcionaban a su vida la seriedad, la tensión y el porte necesarios. A la puerta de aquella casa de Hietzing también llamaban manos femeninas, con ternura, con emoción y con alegría. Un día llamó Veronika, la bailarina: el general se acordó de aquel nombre y se frotó los ojos, como si despertara de un sueño profundo, evocador de un recuerdo olvidado. Sí, se llamaba Veronika. Había otra, una tal Angéla, joven viuda de un médico del ejército, que disfrutaba sobre todo con las carreras de caballos. Él prefería a Veronika, a la bailarina. Vivía en un ático, en una casa muy vieja de la calle donde se encontraba la posada de Las Tres Herraduras, en una especie de taller de pintor que era imposible caldear bien. Era incapaz de vivir en otro sitio que no fuera aquel ático que le brindaba espacio suficiente para sus ejercicios, para sus pasos y sus volteretas. La enorme sala estaba decorada con ramos de flores de papel polvorientas y con grabados de animales que el inquilino anterior, un pintor de Estiria, había dejado para el dueño en compensación por el impago del alquiler. Su motivo favorito eran las ovejas: unas ovejas melancólicas miraban a los visitantes desde las paredes del ático, con expresión interrogante, con ojos vacíos y acuosos. Allí vivía Veronika, la bailarina, entre cortinas polvorientas y muebles viejos y destartalados. Ya desde el pasillo se sentía un olor fuerte a perfume, a aceite de rosas y a colonia francesa. Una noche de verano fueron a cenar los tres juntos. El general se acordaba con absoluta nitidez, como si estuviera mirando una imagen con lupa. Fueron a cenar a un restaurante del bosque, en las afueras de Viena. Llegaron en carroza, a través del bosque oloroso. La bailarina llevaba un sombrero de ala ancha, de estilo florentino, guantes blancos de punto que le llegaban hasta los codos, un vestido ceñido de seda rosa y zapatos de raso negro. Era perfecta hasta en su falta de gusto. Caminaba insegura por los senderos pedregosos del bosque, entre los árboles, como si cualquier paso mundano —los que la conducían a un destino material, a un restaurante, por ejemplo— fuese indigno de sus pies. Cuidaba sus pies y sus piernas de la misma forma que un violinista nunca tocaría en un Stradivarius una cancioncilla en alabanza del vino; mimaba aquellas obras de arte cuyo único objeto era el baile, el desafío de las leyes de la gravedad, la desaparición de las penosas ataduras del cuerpo. Cenaron en un restaurante al aire libre cuyos muros estaban cubiertos con pámpanos de parra silvestre: en las mesas habían colocado unas velas protegidas con globos de cristal. Bebieron un vino tinto muy ligero, y la bailarina no dejaba de reírse. De regreso a casa, tras atravesar el bosque iluminado por la luna llena, al subir la carroza por una colina, divisaron de repente la ciudad que resplandecía con una luz blanca; y entonces Veronika abrazó a los dos, con espontaneidad. Fue un momento de felicidad, de inconsciencia, un momento rebosante de vida. Acompañaron a su casa a la bailarina sin decir palabra, la despidieron en el patio ruinoso con un beso en la mano. Veronika. Y Angéla, con los caballos. Y todas las demás, con flores en los cabellos, bailando en círculo, dejando tras de sí tan sólo sus cintas, sus cartas, sus flores, sus guantes. Aquellas mujeres llevaron el éxtasis del primer amor a la vida de ambos, con todo lo que el amor significa: deseos, recelos y una soledad desgarradora. Al mismo tiempo, más allá de las mujeres, de los distintos papeles, más allá del mundo, se vislumbraba un sentimiento más fuerte que ningún otro. Un sentimiento que tan sólo los hombres conocen. Se llama amistad.

8

El general se vistió. Se vistió solo: primero sacó su uniforme de gala del armario, y lo estuvo observando durante un tiempo. Hacía una década que no se había puesto aquel uniforme. Abrió un cajón, buscó sus condecoraciones, estuvo contemplando las medallas guardadas en estuches forrados en seda roja, blanca y verde. Al tener en la mano aquellas medallas de bronce, de plata y de oro, aparecieron ante sus ojos las imágenes de un puente sobre el río Dniéper, de un desfile militar en Viena, de una recepción en el castillo de Buda. Se encogió de hombros. ¿Qué le había dado la vida? Obligaciones y vanidad. Volvió a guardar en el cajón las condecoraciones, sin darle importancia al gesto, como el jugador de cartas que al final de la partida devuelve las fichas de colores que ya no le son útiles.

Finalmente se vistió de negro, escogió una corbata de rayas blancas, se peinó el cabello corto y cano con un cepillo húmedo. Cada noche, durante los últimos años, se vestía con aquel traje negro, severo como un hábito. Se acercó al escritorio: con un ademán incierto, con manos temblorosas, sacó una pequeña llave del monedero y abrió un cajón largo y hondo. De un compartimiento secreto del cajón sacó distintos objetos: una pistola belga, un fajo de cartas atadas con un lazo azul y un cuaderno delgado de tapa de terciopelo amarillo que llevaba impresa con letras doradas la palabra *Souvenir*. Durante un rato tuvo entre las manos el cuaderno, cuya cubierta estaba atada por un lazo azul y sellada por un cuño del mismo color. Luego examinó la pistola, minuciosamente, con movimientos dignos de un experto. Era una pistola antigua, de seis cartuchos. Todos estaban en su sitio. Con un gesto mecánico guardó la pistola en su lugar y se encogió otra vez de hombros. Se guardó el cuaderno forrado de terciopelo amarillo en uno de los hondos bolsillos de la chaqueta.

Se acercó a la ventana y subió la persiana. Había llovido mientras él dormía. El jardín estaba mojado, una brisa fresca corría entre los árboles, las hojas de los plátanos relucían grasientas. Atardecía. Se quedó de pie al lado de la ventana, sin moverse, con los brazos cruzados. Observaba el paisaje: el valle, el bosque, el camino amarillento al fondo, el perfil de la ciudad. Sus ojos acostumbrados a las distancias reconocieron el carruaje que avanzaba lentamente por el camino. El invitado no tardaría en llegar a la mansión.

Observaba aquel punto movedizo, sin moverse, con una mirada sin expresión, cerrando un ojo, como los cazadores cuando tienen a su presa en el punto de mira.

9

Eran las siete pasadas cuando el general salió de su habitación. Apoyado en el bastón de cabeza de marfil, anduvo con pasos lentos, iguales, a lo largo del pasillo que unía esta ala de la mansión y sus habitaciones con las salas grandes, el salón, la sala de música y otras salas de estar. Las paredes estaban cubiertas con retratos antiguos: retratos con marco dorado de sus antepasados, tatarabuelos y tatarabuelas, conocidos, viejos empleados, compañeros del ejército, antiguos invitados famosos de la mansión. En la familia del general era costumbre invitar a quedarse durante un tiempo a pintores ambulantes, pero también a otros de más renombre, como por ejemplo uno que firmaba con la letra S y que era de Praga y pasó ocho años en la mansión en tiempos del abuelo del general, pintando a todo el mundo que se le cruzara, incluso al mayordomo y a los caballos más destacados. Los tatarabuelos habían sido víctimas de estos artistas itinerantes: vestidos con sus mejores galas, miraban desde arriba con los ojos vidriosos. Había también algunos retratos de hombres tranquilos y serenos, de la edad del general, hombres con grandes bigotes a la húngara, con un mechón rizado caído sobre la frente, ataviados con traje negro de domingo o uniforme de gala. Fueron una excelente generación, pensó el general, mirando los retratos de los parientes, amigos y compañeros de su padre. Fueron una excelente generación, pensó el general: hombres un tanto solitarios que no lograban fundirse con el mundo; eran orgullosos, creían en cosas, en el honor, en las cualidades de los hombres, en la discreción, en la soledad y en la palabra dada, y también en las mujeres. Cuando sufrían un desengaño, guardaban silencio. Casi todos callaban toda la vida, entregándose a sus obligaciones y al silencio, como si hubiesen hecho un voto en este sentido. Al final del pasillo estaban los retratos de los miembros franceses de la familia, viejas damas con diadema, con el cabello blanqueado con polvos, caballeros desconocidos, gordos, con peluca y de labios lujuriosos, miembros de la familia lejana de su madre, retratos con fondos azules, rosados y grises. Personas desconocidas. El padre, vestido con su uniforme de gala de guardia imperial. La madre, con un sombrero de plumas y una fusta, como una caballista de circo. Al lado de este retrato había en la pared un hueco de un metro cuadrado: unas líneas grisáceas en la blancura del fondo indicaban que, tiempo atrás, allí también había colgado un cuadro. El general, con expresión inmutable, pasó por el lado del hueco. Más allá, sólo había paisajes.

Al final del pasillo, vestida de negro y con una cofia blanca nueva y recién planchada en la cabeza, se encontraba la nodriza.

—¿Mirabas los cuadros? —preguntó.

—Sí.

—¿No quieres que volvamos a ponerlo? —preguntó, señalando directamente al hueco del retrato que faltaba, con la decisión de las personas mayores que ya no se andan con rodeos.

—¿Lo conservas todavía? —preguntó el general. La nodriza afirmó con la cabeza—. No —añadió el general, después de una breve pausa, y luego, en voz más baja—: No sabía que lo conservaras. Creí que lo habías quemado.

—No tiene ningún sentido —respondió la nodriza, con voz quebrada— quemar cuadros.

—No, ninguno —subrayó el general, en tono confidencial, en el tono que sólo se utiliza para hablar con las nodrizas—. Tampoco cambiaría nada.

Se volvieron hacia la escalera, mirando hacia abajo, donde un criado y varias criadas ponían flores en los jarrones de cristal de roca.

La mansión había empezado a revivir en las últimas horas, como un mecanismo al que hubiesen dado cuerda. Revivían los muebles, los sillones y los sofás a los que habían quitado las telas protectoras, y también los retratos de las paredes, los enormes candelabros de hierro, los objetos decorativos de las vitrinas y de la repisa de la chimenea. Al lado de la chimenea había troncos para el fuego, porque a finales del verano eran frescas y húmedas las noches; de madrugada, el aire se llenaba de frío y todo se impregnaba de vaho. Los objetos parecían recobrar el sentido de su ser, parecían tratar de demostrar que todo adquiere un significado al estar en contacto con los seres humanos, al participar en la vida y en el destino de los hombres. El general miraba la enorme entrada, las flores puestas en la mesa, delante de la chimenea, la posición de las sillas y de los sillones.

—Ese sillón de cuero estaba a la derecha —observó.

—¿Hasta de eso te acuerdas? —preguntó la nodriza.

—Sí —respondió él—. Ahí se sentaba Konrád, debajo del reloj, al lado del fuego. En el centro, enfrente de la chimenea, me sentaba yo, en el sillón florentino. Krisztina se ponía enfrente de mí, en la silla que trajo mi madre.

—Te acuerdas de todo con exactitud —observó la nodriza.

—Sí —afirmó el general, apoyado en la barandilla de la escalera, mirando hacia abajo—. En el jarrón de cristal azul había dalias. Hace cuarenta y un años.

—Te acuerdas de todo, no cabe ninguna duda —repitió la nodriza, entre suspiros.

—Claro que me acuerdo —dijo él con calma—. ¿Has puesto la mesa con los platos de porcelana francesa?

—Sí, los de flores —respondió Nini.

—Bien —dijo él, asintiendo con la cabeza con tranquilidad. Se quedaron mirando la imagen del comedor, con la sala de estar al fondo; los muebles enormes guardaban todavía el recuerdo de aquellas horas, de aquellos momentos: como si antes de aquella noche de hacía cuarenta y un años solamente hubiesen existido como simples objetos, obedeciendo a las leyes de la madera, del metal, de la tela, y aquella noche se hubieran llenado de contenido, de vida, adquiriendo sentido su existencia. Y en aquellos momentos empezaban otra vez a recobrar la vida, como un mecanismo al que hubiesen dado cuerda, y así empezaban a acordarse ellos también de aquella noche—. ¿Qué servirás a tu invitado?

—Trucha —respondió Nini—. Sopa y trucha. Carne poco hecha y ensalada. Gallina de Guinea. Helado flambeado. Hace diez años que no lo hace el cocinero. Me imagino que le saldrá bien —dijo, un tanto preocupada.

—Vigílalo tú, así saldrá bien. Aquella vez también serviste cangrejos— dijo muy bajo, como si hablara sólo para sí.

—Sí —respondió con calma la nodriza—. A Krisztina le gustaban los cangrejos. Preparados de cualquier manera. Entonces todavía había cangrejos en el río. Ya no los hay. No me dio tiempo de mandar a buscarlos a la ciudad.

—Cuida los vinos —dijo el general, en un tono muy bajo, muy confidencial. Este tono hizo que la nodriza se acercara, inclinando la cabeza con la confianza propia de las

66

criadas que son casi miembros de la familia, para escuchar mejor aquellas palabras—. Da orden de que suban el Pommard del año noventa y ocho. Y el Chablis, para el pescado. Y una botella del Mumm, del viejo, una de las botellas grandes. ¿Recuerdas dónde está?

—Sí —respondió la nodriza, pensativa—. Ya sólo queda del seco. Krisztina prefería el semiseco.

—Siempre tomaba una copa —añadió el general—. Para acompañar la carne. No le gustaba el champán.

—¿Qué quieres de ese hombre? —preguntó de repente la nodriza.

—La verdad —respondió el general.

—Conoces muy bien la verdad.

—No la conozco —dijo él, en voz alta, sin preocuparse por el servicio, que había interrumpido abajo la colocación de las flores y miraba hacia arriba. Volvieron a bajar la mirada inmediatamente, con un gesto mecánico, y continuaron con sus quehaceres—. La verdad es precisamente lo que no conozco.

—Pero conoces la realidad —observó la nodriza, con un tono agudo, casi agresivo.

—La realidad no es lo mismo que la verdad —respondió el general—. La realidad son sólo detalles. Ni siquiera Krisztina conocía la verdad. Quizás la sepa Konrád. Ahora se la quitaré —dijo con mucha calma.

—¿El qué? —preguntó la nodriza.

—La verdad —respondió él con brevedad. A continuación calló.

Cuando el criado y las criadas se fueron del vestíbulo y ellos dos se quedaron solos en lo alto, la nodriza se puso al lado del general, apoyándose en la barandilla, como si estuvieran contemplando un paisaje de montaña. Volviéndose hacia el comedor donde antaño habían estado los tres sentados delante de la chimenea, le dijo:

—Tengo que decirte algo. Cuando Krisztina entró en agonía, te llamó a ti.

—Sí —dijo el general—. Y yo estaba aquí.

—Estabas aquí, pero no estabas. Estabas tan lejos como si te hubieras ido de viaje. Estabas en tu habitación, mientras ella se moría. Al amanecer, sólo yo estaba a su lado. Te llamaba a ti. Te lo digo para que lo sepas, para que no se te olvide esta noche.

El general callaba.

—Creo que ya llega —dijo, enderezándose—. Cuida los vinos, Nini, cuídalo todo.

Se oía crujir la gravilla del camino de la entrada bajo las ruedas del landó. El general dejó el bastón apoyado en la barandilla de la escalera y empezó a bajar sin ayuda, para recibir al invitado. Se detuvo un momento.

—Las velas—dijo—. ¿Te acuerdas de las velas?... Aquellas velas azules. Ponlas en la mesa, si todavía quedan. Enciéndelas, para que ardan durante la cena.

—Ya no me acordaba —confesó la nodriza.

—Yo sí —insistió él con terquedad.

Bajó la escalera, con la espalda recta, vestido de negro, con pasos de viejo, un tanto rígidos, como en una ceremonia. En ese momento se abrió la puerta y apareció en el umbral, detrás del criado, un hombre muy mayor.

—Ya ves, he vuelto —dijo el invitado, en voz baja.

—Nunca lo he dudado —respondió el general, también en voz baja, sonriendo.

Se dieron la mano con gran cortesía.

10

Se acercaron a la chimenea y se observaron con atención, con mirada de expertos, entornando los ojos como cegatos a la luz fría y centelleante de una lámpara de pared.

Konrád tenía unos meses más que el general: había cumplido los setenta y cinco años la primavera anterior. Los dos viejos se contemplaron con ojos de experto, adoptando la actitud que suelen tomar las personas mayores al examinar los fenómenos corporales: con mucha atención, fijándose en lo esencial, en los últimos indicios de vida, en los rescoldos de las ganas de vivir que todavía se reflejaban en sus rostros y en sus posturas.

—No —dijo Konrád con seriedad—, no nos hemos vuelto más jóvenes.

Los dos pensaban igualmente, con sorpresa, con celos y alegría, que también el otro había pasado la prueba: los últimos cuarenta y un años, el tiempo y la distancia —el tiempo transcurrido sin que se hubiesen visto, aunque hubiesen pensado el uno en el otro cada día, a cada hora— no habían podido con ninguno de los dos. Hemos resistido, pensó el general. El invitado pensó (con una satisfacción, debida al resultado del examen físico, que se mezclaba con cierta decepción y cierta malicia: con decepción porque el otro parecía sano como un roble, con malicia porque él había regresado en plena posesión de su vitalidad y fortaleza): «Ha estado esperándome, por eso ha conservado casi todo su vigor.»

Los dos sentían que el tiempo de espera de las últimas décadas les había dado fuerzas para vivir. Como cuando alguien repite el mismo ejercicio durante toda la vida. Konrád sabía que tenía que regresar y el general sabía que aquel momento llegaría algún día. Esto los había mantenido con vida.

Konrád estaba pálido, como durante su infancia y su juventud, y era obvio que seguía viviendo encerrado en su casa, sin salir al aire libre. También él llevaba un traje oscuro, muy severo, fino y elegante. Parece que se ha enriquecido, pensó el general. Se estuvieron examinando durante largos minutos sin decir palabra. Después llegó el criado con vermut y aguardiente.

—¿De dónde vienes? —preguntó el general.

—De Londres.

—¿Vives allí?

—Cerca de la ciudad. Tengo una casita de campo en las afueras. Cuando regresé del trópico, me quedé allí.

—¿En qué lugar del trópico has estado?

—En Singapur —dijo, y levantó la mano, trazando un punto indefinido en el aire, como para señalar en el universo el sitio donde había estado viviendo—. Por lo menos durante los últimos años. Antes viví en el interior de la península, entre los malayos.

—Dicen —observó el general, alzando la copita de vermut hacia la luz, para darle la bienvenida al otro— que el trópico desgasta y envejece.

—Es horroroso —respondió Konrád—. Te quita diez años de vida.

—No se te nota. ¡Sé bienvenido!

Apuraron las copas y se sentaron.

—¿No se me nota? —preguntó el invitado al sentarse en el sillón, al lado de la chimenea, debajo del reloj de pared. El general observaba los gestos del otro con mucha atención. En el momento en que su antiguo amigo tomó asiento (el mismo sillón donde se había sentado cuarenta y un años antes, como si obedeciera, sin querer, a la atracción del lugar), él parpadeó con satisfacción. Se sentía como el cazador que por fin divisa a su presa, caída en la trampa, en la trampa que había evitado hasta entonces. En ese momento, todo y todos se encontraron en su sitio—. El trópico es horroroso —repitió Konrád—. La gente como nosotros no es capaz de aguantar aquello. Se desgastan los órganos, se queman las células. El trópico mata algo dentro de nosotros.

—¿Te fuiste al trópico para matar algo dentro de ti? —preguntó el general con voz neutral, sin dar importancia a la frase.

Pronunció la pregunta en un tono de amable conversación. También él se sentó, enfrente de la chimenea, en el sillón antiguo que los miembros de su familia llamaban «el sillón florentino». Había sido su sitio hacía cuarenta y un años, cuando antes y después de cenar se sentaba con Krisztina y con Konrád a conversar en el salón. Una vez sentados, los dos miraron el tercer asiento, vacío, tapizado con seda francesa.

—Sí —respondió Konrád, muy tranquilo.

—¿Lo conseguiste?

—Ya estoy viejo —respondió, mirando al fuego.

No respondió a la pregunta. Estuvieron sentados así, sin decir palabra, mirando el fuego, hasta que entró el criado para avisarles de que la cena estaba ya servida en la mesa.

11

—Es así —dijo Konrád, después de dar cuenta de la trucha—. Al principio crees que te acostumbrarás. —Se refería al trópico—. Yo era joven todavía cuando llegué, tú te acuerdas también. Tenía treinta y dos años. Me fui enseguida a las ciénagas. Allí la gente vive en casas con tejado de hojalata. Yo no tenía dinero. La sociedad colonizadora me lo pagaba todo. Por las noches, cuando intentas dormir, sientes como si estuvieras acostado en una neblina húmeda. Por las mañanas, aquella neblina se vuelve más espesa, más cálida. Con el paso del tiempo, todo te da igual. Allí todo el mundo bebe, todo el mundo tiene los ojos enrojecidos. Durante el primer año, crees que te vas a morir pronto. Durante el tercero, te das cuenta de que ya no eres el mismo, como si tu ritmo de vida hubiese cambiado. Vives con más intensidad, con más rapidez, algo te quema por dentro, tu corazón late de otra forma, y al mismo tiempo todo te da igual. Todo te da exactamente lo mismo, y eso dura meses y meses. Luego llega un momento en que empiezas a no comprender lo que ocurre a tu alrededor. Ese momento puede llegar tras haber pasado cinco años o durante los primeros meses. Es el momento de los ataques de furia. Mucha gente mata en esos momentos, o se mata.

—¿Incluso los ingleses? —preguntó el general.

—Menos. Sin embargo, ellos también quedan afectados por esa fiebre, por esa ira, esa enfermedad que no se propaga por ningún microbio en concreto. Yo estoy convencido de que se trata de una enfermedad cuyo origen no se conoce todavía. Quizás la causa se encuentre en el agua. O en las plantas. O en los amores con las mujeres malayas. Uno nunca llega a acostumbrarse a las mujeres malayas. Algunas son bellísimas. Sonríen sin cesar, y hay una especie de dulzura en su piel, en sus movimientos, en su sonrisa, en sus costumbres, en su manera de servirte en la mesa, en la cama... sin que nunca llegues a acostumbrarte a ello. Los ingleses se protegen de todo esto. Llevan consigo su país metido en la maleta. Su orgullo refinado, su aislamiento, su educación, sus campos de golf y de tenis, su whisky, el esmoquin que se ponen por las noches en sus casas de tejado de hojalata, en medio del cenagal donde viven. Claro, no todos se comportan así. Todo eso es pura leyenda. La mayoría se convierten en animales al cabo de cuatro o cinco años, como los demás, como los belgas, los franceses, los holandeses. El trópico les corroe los modales del *college* como la lepra corroe la piel. El trópico corroe los modales adquiridos en Cambridge y en Oxford. Has de saber que todos los ingleses que han pasado cierto tiempo en el trópico son sospechosos en su propio país. Son dignos de admiración y de reconocimiento, pero son también sospechosos. Seguramente en sus fichas secretas figura la palabra: «Trópico.» Como si dijera: «Sífilis.» O: «Servicio de espionaje.» Son sospechosos todos los que han pasado cierto tiempo en el trópico, aunque hayan conservado la costumbre de jugar al golf o al tenis, aunque hayan estado bebiendo whisky con la alta sociedad de Singapur, aunque hayan aparecido en las fiestas del gobernador, vestidos de esmoquin o con un uniforme lleno de condecoraciones: todos son sospechosos. Simplemente por haber vivido en el trópico. Simplemente por haber sobrevivido a esa infección terrible e imposible de asimilar que también tiene sus atractivos, como cualquier peligro mortal. El trópico es una enfermedad. Las enfermedades del trópico se curan con el tiempo, pero el trópico jamás.

—Entiendo —dijo el general—. ¿Tú también te contagiaste?

—Nos contagiamos todos —respondió el invitado, mientras saboreaba el Chablis, y echaba la cabeza atrás, bebiendo el vino a pequeños sorbos, como un verdadero conocedor—. Los que sólo beben, se salvan con más facilidad. Las pasiones ocultas se alimentan de la vida de las personas, se esconden dentro de ellas, como los tifones se esconden tras las ciénagas, los montes y los bosques. Todo tipo de pasiones. Por eso en Inglaterra son sospechosos todos los que regresan del trópico. No se sabe lo que esconden en su sangre, en su corazón y en sus nervios. Es obvio que ya no son unos simples europeos. No del todo. En vano se han suscrito a revistas europeas y han leído libros europeos en medio de aquellos cenagales; en vano se han empapado de las ideas y de los ideales europeos de los últimos años o de los últimos siglos. En vano han salvaguardado los modales educados y refinados que todos los que hemos vivido en el trópico tratamos de respetar cuando estamos con nuestros semejantes, los hombres blancos, de la misma manera que los alcohólicos intentan respetar las reglas de comportamiento en sociedad y se vuelven tensos, demasiado tensos, para que no se les note, y se ponen demasiado amables, demasiado correctos, demasiado educados... Sin embargo, en su fuero interno son muy distintos.

—Entonces —dijo el general, levantando su copa de vino blanco hacia la luz—, ¿qué hay en el interior? —Como el otro callara, añadió—: Me imagino que has venido esta noche para contármelo.

75

Se encuentran sentados a la mesa larga del comedor, donde no ha entrado ningún invitado desde la muerte de Krisztina. La estancia donde nadie ha comido desde hace décadas se parece a un museo, llena de muebles y de objetos, testigos de épocas pasadas. Las paredes revestidas con maderas traídas de Francia, los muebles son de Versalles. Ellos están sentados en los dos extremos de la larga mesa, cubierta con un mantel blanco, y en el centro hay un jarrón de cristal de roca, con orquídeas. El jarrón está flanqueado por cuatro obras maestras de la fábrica de porcelana de Sèvres, cuatro estatuillas llenas de gracia y de arte que representan los cuatro puntos cardinales, el Norte, el Sur, el Este y el Oeste. Delante del general está el símbolo del Oeste, delante de Konrád el del Este: la figurilla de un sarraceno sonriente, con su camello y su palmera.

En la mesa hay una serie de candelabros de porcelana, con velas gruesas y azules, como en las iglesias. Sólo las cuatro esquinas de la sala están iluminadas por luces indirectas. Las altas llamas de las velas oscilan, sin llegar a disipar las sombras del comedor. En la chimenea de mármol gris, las llamas de los troncos se tiñen de amarillo, de rojo y de negro. Las enormes ventanas siguen entornadas, con las cortinas grises medio echadas. La corriente de la noche estival irrumpe una y otra vez por las ventanas del comedor; a través de las cortinas de seda fina se ve el paisaje iluminado por la luna, con las luces centelleantes de la pequeña ciudad en la lejanía.

En el centro de la larga mesa decorada con flores e iluminada por velas se encuentra, de espaldas a la chimenea, otra silla tapizada. Era el sitio de Krisztina, la esposa del general. Delante de los platos y de los cubiertos ausentes se encuentra la figurilla de porcelana del Sur: un león, un elefante y un hombre con la tez oscura y con turbante custodian algo, tranquilos y sosegados, en un terreno minúsculo, como la palma de una mano. El mayordomo, vestido con esmoquin negro, está firme e inmóvil, al fondo, al lado de la mesa de servicio, dirigiendo con la mirada a los criados que sirven la mesa vestidos con calzones y librea negra. Esta costumbre la introdujo la madre del general, y cada vez que cenaban en este comedor —donde los muebles, los platos, los cubiertos de oro, las copas y los vasos de cristal, y hasta las maderas que cubren las paredes habían llegado de su país—, ella exigía que los criados se vistiesen así, que sirvieran así, según las costumbres de antaño. El silencio es tal en el comedor que incluso se oye el crepitar de la leña que arde en la chimenea. Los dos hablan en voz baja, pero se escuchan: en las paredes revestidas de madera antigua retumban las palabras pronunciadas a media voz, tal como en la madera de un instrumento musical retumban los sonidos de las cuerdas.

—No es así —dice Konrád, después de comer y de reflexionar durante un largo rato—. He venido porque he estado en Viena.

Come con cierta glotonería, con movimientos refinados, pero con la típica avidez de las personas mayores. Apoya el tenedor en el plato, se inclina ligeramente hacia delante, y le dice casi gritando al anfitrión, que se encuentra lejos de él:

—He venido porque quería volver a verte. ¿No te parece natural?

—No hay nada más natural —responde el general con delicadeza—. Así que has estado en Viena. Tiene que haber sido una experiencia importante para ti después de haber conocido el trópico y la pasión. ¿Hacía mucho que no habías estado en Viena?

La pregunta parece cortés, sin el menor asomo de ironía en la voz. El invitado lo mira con recelo desde el extremo opuesto de la mesa. Parecen un tanto desconcertados:

dos personas mayores, la una tan lejos de la otra, en esta sala enorme.

—Hacía muchísimo —responde—. Hacía cuarenta años. Entonces... —dice en un tono inseguro, y se calla de manera instintiva, un tanto perplejo—. Entonces pasé por Viena, camino de Singapur.

—Entiendo —dice el general—. ¿Qué has visto esta vez en Viena?

—Los cambios —responde Konrád—. A mi edad y en mi situación ya sólo se ven los cambios. También es cierto que he pasado cuarenta años sin pisar el continente europeo. Sólo he pasado unas horas en algunos puertos franceses, viajando de Singapur a Londres. Quería volver a ver Viena. Y también esta casa.

—¿Has venido con esa idea? —pregunta el general—. ¿Para ver Viena y esta casa? ¿O también tenías algún negocio que resolver en el continente?

—Ya no tengo ningún negocio que resolver —responde—. Tengo setenta y tres años, como tú. Ya no tardaré mucho en morirme. Por eso he emprendido este viaje, por eso he venido aquí.

—Dicen que a esta edad uno vive hasta que se harta —le responde el general, en un tono cortés y alentador—. ¿Tú no lo ves así?

—Yo ya me he hartado —dice el invitado, sin ninguna entonación especial, con voz indiferente—. Viena —prosigue—, Viena ha sido para mí como un diapasón del mundo. Pronunciar la palabra «Viena» ha sido siempre como hacer sonar el diapasón y observar después lo que mi interlocutor entendía por ella. Así examinaba yo a la gente. Los que no respondían bien, no significaban nada para mí. Porque Viena no era tan sólo una ciudad para mí, sino también un sonido: un sonido que resuena en el alma para siempre o que no resuena nunca. Viena ha sido lo más hermoso de mi vida. Yo era pobre, pero no estaba solo, tenía un amigo. También Viena era como un amigo. Siempre oía su voz y su sonido cuando llovía en el trópico. También en otros momentos. A veces, en medio de la selva, me acordaba del olor a moho del zaguán de la casa de Hietzing. En Viena, la música y todo lo que yo amaba, en sus piedras, en las miradas y en los modales de sus gentes, todo aquello se vivía como una pasión purificada por el corazón humano. Ya sabes, como cuando las pasiones ya no duelen. Viena durante el invierno y durante la primavera. Los paseos por el parque de Schönbrunn. La luz azulada del dormitorio de la Academia, su gran escalera blanca con aquella estatua barroca. Las cabalgadas por las mañanas en el Prater. Los caballos blancos de la escuela española. Todo esto lo recordaba perfectamente y quería volver a verlo —dice en voz muy baja, casi avergonzado.

—¿Y qué has encontrado, después de cuarenta y un años? —pregunta otra vez el general.

—Una ciudad —responde Konrád, encogiéndose de hombros—. Una ciudad llena de cambios.

—Aquí —observa el general— no quedarás desilusionado. Aquí ha habido muy pocos cambios.

—¿No has viajado en los últimos años?

—Muy poco —responde el general, mirando la llama de una vela—. Sólo por las obligaciones del servicio. Hubo una época en que llegué a considerar abandonar el servicio, como hiciste tú. Hubo un momento en que lo pensé en serio. Se me ocurrió que debería viajar por el mundo, conocer más cosas, buscar, encontrar algo o a alguien. —No se miran: el invitado observa fijamente su copa de cristal, llena de vino blanco, el general la llama de la vela—. Cambié de parecer y me quedé. Ya sabes, el servicio. Uno se vuelve rígido, testarudo. Había prometido a mi padre que acabaría el tiempo del servicio. Por eso me quedé. También es verdad que me jubilé muy pronto. A los cincuenta años me pusieron al mando de un cuerpo del ejército. Yo me consideraba demasiado joven para el puesto. Entonces presenté la dimisión. Lo comprendieron y la aceptaron. De todas formas —añade, llamando al criado, para que le sirva más vino tinto— eran tiempos en que el servicio no era ningún camino de rosas. Era el tiempo de la revolución. El tiempo de los cambios.

—Sí —responde el invitado—. Oí hablar de ello.

—¿Sólo lo oíste? Nosotros lo vivimos —dice en tono severo.

—Bueno, no sólo lo oí —dice el otro—. Fue en el diecisiete. Cuando volví al trópico por segunda vez. Estaba trabajando en los cenagales, con obreros chinos y malayos. Los chinos son los mejores. Todo lo que ganan se lo juegan a las cartas, pero son buenísimos. Vivíamos en el interior, en medio de las ciénagas, en medio de la selva. No había teléfono. No había radio. El mundo estaba en guerra. Por entonces yo tenía ya la nacionalidad británica, pero comprendieron que no podía luchar contra el país donde había nacido. Ellos comprenden estas cosas. Así que me dejaron regresar al trópico. No sabíamos nada de nada, los obreros menos todavía. Sin embargo, un día, allí, en medio de la selva, sin radio ni periódicos, sin noticias del mundo desde hacía semanas, interrumpieron el trabajo. A las doce del mediodía. Sin ninguna razón. Nada había cambiado a su alrededor, todo seguía igual, las condiciones de trabajo, la disciplina, todo seguía lo mismo, la comida también. No era ni bueno ni malo. Todo era como podía ser. Como debía ser. Entonces, un día, en el año diecisiete, al mediodía, dijeron que no trabajarían más. Salieron de la selva, cuatro mil obreros, embarrados hasta la cintura, con el torso desnudo; depositaron sus herramientas en el suelo, el hacha, la pala, y dijeron que ya estaba bien. Empezaron a exigir cosas. Exigían que a los hacendados se les quitara el derecho al castigo corporal. Querían que se les subiera el sueldo. Exigían descansos laborales más largos. Era incomprensible lo que les pasaba. Cuatro mil obreros se habían transformado en cuatro mil demonios amarillos y morenos delante de mis ojos. Por la tarde cogí el caballo y me acerqué a Singapur. Allí me enteré. Fui uno de los primeros en enterarse en toda la península.

—¿De qué te enteraste? —pregunta el general, echándose hacia delante.

—Me enteré de que había estallado la revolución en Rusia. Un hombre, de quien en aquel momento sólo se sabía que se llamaba Lenin, había regresado a su país, en un vagón blindado, llevando las ideas bolcheviques en su equipaje. En Londres también se enteraron, el mismo día que mis obreros, sin teléfono ni radio, en medio de la selva, entre cenagales. Era incomprensible. Luego lo comprendí. Uno siempre se entera de lo que le importa, sin ningún aparato, sin teléfono, sin nada.

—¿Lo crees así? —pregunta el general.

—Lo sé —responde con calma—. ¿Cuándo murió Krisztina? —pregunta de repente.

—¿Cómo sabes que Krisztina ha muerto? —pregunta el general, en un tono neutro—. Vivías en el trópico, no has venido a Europa durante cuarenta y un años. ¿Lo has percibido de la misma manera que los obreros notaron la revolución?

—¿Que si lo he percibido? —pregunta el invitado—. Quizás. No está sentada aquí, con nosotros. ¿Dónde más puede estar? Sólo en la tumba.

—Sí —dice el general—. Está enterrada en el jardín, cerca del invernadero. Como ella había dispuesto.

—¿Hace mucho que murió?

—Ocho años después de que tú te fueras.

—Ocho años después... —repite el invitado; su boca pálida y los dientes blancos de su dentadura se mueven, como si estuviera masticando o contando algo—. Con veintiocho años. —Se pone a contar a media voz—. Si viviese tendría sesenta y uno.

—Sí. Sería una señora mayor, casi tan vieja como nosotros.

—¿Qué tenía?

—Dicen que murió de anemia perniciosa. Es una enfermedad bastante rara.

—No tan rara —aclara Konrád, como si fuera experto—. Es muy frecuente en el trópico. Cambian las condiciones de vida, y el organismo reacciona así.

—Es posible —responde el general—. Puede que sea una enfermedad frecuente también en Europa, en el caso de que cambien las condiciones de vida. No lo sé, no entiendo mucho de estas cosas.

—Yo tampoco. Lo que sí sé es que en el trópico siempre ocurre algo con el cuerpo. Uno se vuelve curandero. Los malayos son todos curanderos. Así que murió en mil novecientos ocho —dice a continuación, sin levantar la voz, como si hubiese hecho cuentas para saber el resultado de una operación—. ¿Estabas todavía en el servicio?

—Sí. Estuve en el servicio hasta después de la guerra.

—¿Cómo fue?

—¿La guerra? —pregunta el general mirando a su invitado, con ojos de miope, con la mirada muy fija—. Fue horrible, como el trópico. Sobre todo el último invierno, en el Norte. La vida también está llena de aventuras aquí en Europa —añade el general, sonriendo.

—¿Aventuras?... Quizás hayan sido aventuras —responde el invitado asintiendo con la cabeza—. Créeme, a veces sufría por no estar aquí, donde vosotros luchabais. Hasta pensé en volver para presentarme en el cuerpo.

—Eso —interrumpe el general sin levantar la voz, con delicadeza pero con decisión— lo pensaron también otras personas del regimiento. Pero no viniste. Tendrías otras cosas que hacer —observa con resolución.

—Era ciudadano británico —repite Konrád, un tanto molesto—. Uno no puede cambiar de patria cada década.

—No, no puede —repite el general, convencido—. Creo que uno no puede cambiar de patria ni una sola vez. Sólo se puede cambiar de papeles. ¿Tú no lo crees así?

—Mi patria —aclara el invitado— dejó de existir. Se descompuso. Mi patria era Polonia, Viena, esta casa y el cuartel militar de la ciudad, Galitzia y Chopin. ¿Qué queda de todo aquello? Lo que lo mantenía todo unido, esa argamasa secreta, ya no existe. Todo se ha deshecho, se cayó a pedazos. Mi patria era un sentimiento. Ese sentimiento resultó herido. En momentos así, hay que partir. Al trópico o más lejos aún.

—¿Más lejos? ¿Adónde? —pregunta el general con frialdad.

—Más lejos en el tiempo.

—Este vino —dice el general, levantando su copa de vino tinto, casi negro— lo conoces bien. Es del año ochenta y seis, el año de nuestra jura de bandera. Mi padre abarrotó una de las cuevas de la bodega con este vino, para mantener vivo el recuerdo de aquel día. Hace muchos años de esto, casi una vida. Ahora el vino ya es añejo.

—Lo que juramos ya no existe —dice el invitado, muy serio, levantando su copa—. Todos han muerto, todos han partido, todos han traicionado lo que juramos. Hubo un mundo por el cual valió la pena vivir y morir. Aquel mundo murió. Yo no tengo nada que ver con el nuevo. Eso es todo lo que puedo decir.

—Para mí, aquel mundo sigue vivo, aunque en realidad haya dejado de existir. Sigue vivo por el juramento que hice. Eso es todo lo que puedo decir yo.

—Sí, tú sigues siendo un soldado —observa el invitado.

Alzan las copas para brindar, el uno lejos del otro, y apuran el vino tinto sin decir palabra.

12

—Cuando te fuiste —continúa el general en tono amistoso, como si lo más importante, lo más desagradable ya se hubiese dicho y no quedara por delante más que una charla placentera— creímos durante un tiempo que volverías. Todos te estuvimos esperando. Todos éramos tus amigos. Perdóname, pero tú eras una persona bastante peculiar. Te disculpábamos, porque sabíamos que la música era más importante para ti que cualquier otra cosa. No comprendíamos por qué te habías ido, pero lo aceptamos, porque sabíamos que tendrías tus razones. Sabíamos que soportabas todo con mayor dificultad que nosotros, los soldados de verdad. Lo que para ti era un estado, para nosotros era una vocación. Lo que para ti era una máscara, para nosotros era un destino. No nos extrañamos cuando te quitaste la máscara. Pero pensamos que un día regresarías. O que escribirías. Muchos lo pensábamos así, yo también, te lo confieso. Krisztina también. Y otros del regimiento, si te acuerdas de ellos.

—Ya no me acuerdo muy bien —observa el invitado, con indiferencia.

—Claro, habrás tenido muchas experiencias interesantes. Vivías en el mundo entero. En esos casos, uno olvida pronto.

—No —dice el otro—. El mundo no es nada. Lo que de verdad es importante no lo olvidas nunca. De esto me di cuenta más tarde, cuando empecé a envejecer. Claro, todo lo secundario, todo lo accesorio desaparece, porque lo echas por la borda, como los malos sueños. No me acuerdo del regimiento —repite con terquedad—. Desde hace algún tiempo solamente me acuerdo de lo esencial.

—¿Por ejemplo de Viena y de esta casa? ¿Eso quieres decir?

—De Viena y de esta casa —repite el invitado, mecánicamente. Está mirando al frente por entre los párpados, con los ojos entornados—. La memoria lo pasa todo por su tamiz mágico. Resulta que después de diez o veinte años te das cuenta de que algunos acontecimientos, por más importantes que hayan parecido, no te han cambiado absolutamente en nada. Un día, sin embargo, te acuerdas de una cacería, del detalle de un libro o de esta sala. Cuando cenamos aquí la última vez, éramos tres. Todavía vivía Krisztina. Estaba sentada ahí, en el centro. La mesa estaba puesta igual que hoy.

—Sí —dice el general—. Delante de ti estaba el Este, delante de Krisztina el Sur. Y delante de mí el Oeste.

—Te acuerdas hasta de los menores detalles —comenta el invitado con sorpresa.

—Me acuerdo de todo.

—Claro, los detalles son a veces muy importantes. Dejan todo bien atado, aglutinan la materia prima de los recuerdos. En eso pensaba yo en el trópico, en ocasiones, cuando llovía. Aquello sí que es llover —dice, como si quisiera hablar de otra cosa—. Llueve durante meses. Golpea los tejados de hojalata, como si fuera una ametralladora. Los cenagales despiden un olor hediondo, la lluvia da calor. Todo está húmedo, la ropa de la cama, la ropa interior, los libros, el tabaco en la tabaquera, el pan. Todo está pegajoso, pringoso. Estás sentado en tu casa y los malayos cantan. La mujer que has acogido está sentada, inmóvil, en un rincón, mirándote. Son capaces de permanecer sentadas así, inmóviles, mirándote, durante horas. Al principio no prestas atención. Luego te pones nervioso y le ordenas que salga. Pero tampoco sirve: sabes que continúa sentada en otra parte de la casa, en otra habitación, y que te sigue mirando incluso a través de las paredes. Tienen los ojos castaños, muy grandes, como los perros tibetanos, esas bestias taciturnas que son las más insidiosas de la tierra. Te miran con sus ojos brillantes, tranquilos, y vayas por donde vayas, sientes su mirada encima, como si alguien te estuviese persiguiendo con unos rayos maléficos. Si les chillas, te sonríen. Si les pegas, te miran y te sonríen. Si las echas, se sientan en el umbral de tu casa y continúan mirándote. Entonces te sientes obligado a dejarlas volver. Están dando a luz sin parar, pero nadie habla nunca de ello, ni siquiera las mismas mujeres. Es como si tuvieras en tu casa un animal, una asesina, una sacerdotisa, una curandera y una loca en la misma persona. Acabas cansándote, porque su mirada es tan poderosa que agota incluso al más fuerte. Es tan poderosa como si te tocase. Como si te estuviera acariciando sin parar. Es para volverse loco. Llega un momento en que ya ni te importa. Sigue lloviendo. Y tú sigues allí, sentado en tu habitación, bebiendo aguardiente, mucho aguardiente, fumando un tabaco dulzón. A veces llega alguien a tu casa, no habla mucho, bebe el aguardiente y fuma el tabaco dulzón. Quieres leer, pero no puedes, la lluvia penetra de alguna manera en el libro, no de una manera literal, pero sí real, no eres capaz de seguir los renglones, sólo de escuchar el ruido de la lluvia. Quieres tocar el piano, pero la lluvia se sienta a tu lado y también toca. Más tarde llega la temporada seca, con su brillo lleno de vapores. Uno envejece muy pronto.

—La *Polonesa-Fantasía*... ¿la tocaste alguna vez en el trópico? —pregunta el general, con mucho tacto.

Están comiendo una carne poco hecha, con aplicación y apetito, absortos en la masticación y la engullición, con la actitud de las personas mayores para quienes comer ya no supone solamente alimentarse, sino que representa una acción solemne y ancestral. Mastican y comen con mucha atención, como para acumular fuerzas. Para obrar hace falta tener fuerzas, y las fuerzas se encuentran también en la comida, en la carne poco hecha, y en la bebida, en el vino casi negro. Comen haciendo un poco de ruido, con entrega, seriedad y devoción: ya no tienen tiempo para comer con educación, porque les importa más masticar la comida hasta la última fibra, extraer todo el jugo de la carne, conseguir toda la fuerza vital que necesitan. Comen con movimientos refinados, pero también a la manera de los viejos de la tribu en un banquete solemne: con un aire de seriedad y de fatalidad.

El mayordomo, en un rincón de la sala, observa con atención los movimientos del criado que llega con una gran fuente en equilibrio sobre sus manos enguantadas. En el centro de la fuente se encuentra el helado de chocolate flambeado, despidiendo llamas azules y amarillas.

Los criados vierten el champán en las copas del invitado y del anfitrión. Los dos viejos expertos aspiran el aroma del contenido amarillo pálido de la botella, que tiene el tamaño de un recién nacido.

El general saborea el champán y aparta la copa. Llama al criado, para que le sirva más vino tinto. El invitado observa la escena entre parpadeos. Han comido y bebido mucho, hasta ponerse colorados.

—En los tiempos de mi abuelo —dice el general, mirando su copa— se colocaba una pinta de vino de mesa delante de cada invitado. Era la ración de cada uno. Una pinta, litro y medio. De vino de mesa. Mi padre me contó que también el rey tenía la costumbre de poner vino de mesa en botellas de cristal delante de sus invitados. A cada invitado le correspondía una botella. Por eso se llamaba vino de mesa, porque estaba allí, en la mesa, para que cada uno tomara la cantidad que quisiera. Los vinos de calidad los servían aparte. Era la norma vigente en la corte.

—Sí —dice Konrád, colorado, ocupado con la digestión—. En aquellos tiempos todo encajaba en un perfecto orden —añade indiferente.

—Ahí se sentó él —dice el general, como quien cuenta una anécdota, señalando con la mirada el sitio que ocupó el rey, en el centro—. A su derecha estaba mi madre, a su izquierda el párroco. Estuvo aquí, sentado en esta misma mesa, en el lugar principal. Durmió en una habitación del primer piso, en la que está tapizada de amarillo. Después de cenar, bailó con mi madre —añade en voz baja, con voz de viejo, casi de niño, evocando los recuerdos—. Ya ves, de esto no puedo hablar con ninguna otra persona. Por eso también me alegro de que hayas venido —dice muy serio—. Tú tocaste una vez la *Polonesa-Fantasía* con mi madre. ¿No la tocabas allí en el trópico? —vuelve a preguntar, como si hubiera recordado lo más importante.

El invitado reflexiona.

—No —responde—. Nunca he tocado nada de Chopin en el trópico. Ya sabes que la música remueve muchas cosas dentro de mí. En el trópico uno se vuelve más sensible.

Como ya han comido y bebido, han olvidado los primeros momentos de su encuentro, tensos y solemnes. La sangre se torna más cálida y corre con mayor vigor por sus arterias escleróticas, hinchadas en la frente y en las sienes. Los criados sirven fruta del invernadero. Ellos comen uvas y nísperos. La sala se ha caldeado, la brisa nocturna del verano levanta las cortinas de seda gris de las ventanas entreabiertas.

—Podríamos tomar el café en el otro lado —propone el general.

En ese momento una ráfaga de viento abre las ventanas de par en par. Las pesadas cortinas grises comienzan a moverse, se mueve incluso la enorme araña del techo, como en los barcos cuando se desata una tormenta. El cielo se ilumina por un instante, un rayo amarillo como el azufre corta la oscuridad de la noche, como si fuera una espada flamígera que cortara el cuerpo de la víctima propiciatoria. La tormenta sacude el comedor, apagando algunas velas que parpadeaban temerosas, y de repente todo se oscurece. El mayordomo se acerca a las ventanas con dos criados, para cerrarlas, buscando y palpando en la oscuridad. Se dan cuenta de que toda la ciudad se ha quedado a oscuras.

El rayo ha dañado la central eléctrica de la ciudad. Ellos siguen sentados, sin decir palabra, en la oscuridad, sólo los ilumina el fuego de la chimenea y dos velas solitarias que han quedado encendidas. Los criados llevan más velas en grandes candelabros de varios brazos.

—En el otro lado —repite el general, sin hacer caso del rayo ni de la oscuridad.

Un criado les indica el camino, llevando un candelabro delante de ellos. Atraviesan el comedor bajo esta luz espectral, tambaleándose ligeramente, al igual que sus sombras desequilibradas en las paredes; atraviesan el frío salón y llegan a la sala de estar, donde los únicos muebles son el piano de cola con la tapa levantada y tres sillones alrededor de la estufa de porcelana redonda y caliente. Se sientan y miran el paisaje oscurecido a través de una ventana cubierta por una cortina blanca que llega hasta el suelo. El criado les acerca una mesa pequeña y pone encima las tazas con el café, los puros y las copitas de aguardiente, poniendo después un candelabro de plata en la repisa de la estufa, con unas velas de iglesia encendidas, gruesas como brazos de bebé. Ambos prenden los puros. Están sentados sin decir palabra, esperando que sus cuerpos se calienten. De la estufa les llega el calor uniforme de los troncos y la luz de las velas ilumina el techo. La puerta se ha cerrado detrás de ellos. Se han quedado solos.

13

—No viviremos muchos años ya —dice el general, sin darle
más vueltas, como si pronunciara la conclusión final de una
discusión sin palabras—. Un par de años, quizás menos. No
viviremos mucho, porque has vuelto. Y tú también lo sabes.
Has tenido tiempo para pensar en ello, allí en el trópico, y
luego en tu casa, en las afueras de Londres. Cuarenta y un
años son muchos años. Has pensado en ello, ¿verdad?... Sin
embargo, has vuelto, porque no has podido hacer otra cosa.
Y yo te he estado esperando, porque no he podido hacer
otra cosa. Los dos sabíamos que nos volveríamos a ver, y que
con ello se acabaría todo. Se acabaría nuestra vida y todo lo
que hasta ahora ha llenado nuestra vida de contenido y de
tensión. Porque los secretos como el que se interpone entre
nosotros tienen una fuerza peculiar. Queman los tejidos de
la vida, como unos rayos maléficos, pero también confieren
una tensión, cierto calor a la vida. Te obligan a seguir viviendo... Mientras uno tenga algo que hacer en esta tierra, se
mantiene con vida. Voy a contarte lo que yo he experimentado en la soledad del bosque, durante los últimos cuarenta
y un años, mientras tú estabas en el trópico y andabas por el
mundo. La soledad también es un estado muy peculiar... a
veces se presenta como una selva, llena de peligros y de sor-
presas. Conozco todas sus variantes. El aburrimiento que

en vano intentas hacer desaparecer con la ayuda de un orden de vida organizado de manera artificial. Las crisis repentinas, inesperadas. La soledad es un lugar lleno de secretos, como la selva —repite con insistencia—. Uno vive bajo un orden severo, y de repente, se vuelve loco, como tus malayos. Nos rodea un montón de habitaciones, de títulos y de rangos, un orden vital meticuloso y exacto. Y un día lo dejamos todo y echamos a correr, como en un ataque de amok, con un arma en la mano o sin ella... y sin arma es quizás más peligroso. Empieza una carrera por el mundo, con los ojos fijos en la nada; los compañeros, los amigos de antes se apartan de nuestro camino. Nos acercamos a la gran ciudad, pagamos a algunas mujeres, todo estalla a nuestro alrededor, buscamos y encontramos pelea en todas partes. Y como te digo, esto no es lo peor. Puede que nos quedemos tirados por el camino, como un perro sarnoso. Puede que nos estrellemos contra un muro, que choquemos con los miles de obstáculos que nos presenta la vida, puede que nos rompamos los huesos. Lo peor es cuando intentamos ahogar dentro de nosotros las emociones que la soledad ha generado en nuestra alma. Cuando no echamos a correr. Cuando no intentamos matar a nadie. ¿Qué hacemos entonces? Vivir, esperar, mantener el orden a nuestro alrededor. Vivir respetando un rito pagano y mundano... como un monje... aunque los monjes lo tienen más fácil, porque tienen fe. Las personas que entregan su alma y su destino a la soledad no tienen fe. Sólo esperan. Esperan el día o la hora en que puedan dilucidar todo lo que les ha conducido a la soledad con las personas que son responsables de ello. Un hombre así se prepara para ese momento durante diez años, durante cuarenta, cuarenta y uno, para ser exactos, como los héroes de un duelo se preparan para el desafío. Dejan todo ordenado en su vida, para no tener deudas con nadie, en caso de que los maten en el duelo. Se entrenan cada día, como si fueran profesionales. Pero ¿con qué se puede entrenar un hombre solitario? Con sus propios recuerdos, para que la soledad y el tiempo transcurrido no le permitan perdonar nada en su alma ni en su corazón. Porque hay un duelo en la vida, librado sin sable ni espada, para el cual merece la pena prepararse bien. El duelo más peligroso. Un día llegará sin que lo llamemos. ¿Tú también lo crees? —pregunta con cortesía.

—Totalmente —responde el invitado, mirando la ceniza de su puro.

—Me alegro de que pienses igual —dice el general—. Esa espera lo mantiene a uno con vida. Claro que también tiene sus límites, como todo en la vida. Si no hubiera estado seguro de que volverías, habría partido yo mismo, ayer o hace veinte años, para encontrarte en las afueras de Londres, en tu casa, o en el trópico, entre los malayos, o en lo más profundo del infierno. Fuera como fuese, te habría encontrado, y tú lo sabes también. Parece que uno siempre está seguro de todo lo que le importa de verdad. Tienes razón: incluso sin teléfono, sin radio, sin nada. En mi casa no hay teléfono, sólo hay uno en la oficina del administrador de la hacienda, y tampoco tengo radio: he prohibido que dejen entrar los ruidos infectos y estúpidos del mundo en la casa donde yo vivo. El mundo ya no puede hacer nada contra mí. El nuevo orden del mundo puede acabar con la forma de vida bajo la que yo nací y bajo la que yo viví; las fuerzas nuevas, fogosas y agresoras me pueden aniquilar, pueden acabar con mi vida y con mi libertad. Todo eso me resulta indiferente. Lo que me importa es que yo no hago tratos con el mundo, que no intento regatear con el mundo que he conocido y que he excluido de mi vida. Sin embargo, no me ha hecho falta ninguno de estos aparatos modernos para saber que estabas vivo y que algún día volverías. No intentaba apresurar este momento. Quería esperarlo, de la misma manera que uno espera el orden y el tiempo de cada cosa, de todas las cosas. Ahora ha llegado.

—¿Qué quieres decir con todo eso? —dice Konrád—. Me fui, y tenía derecho a hacerlo. Quizás haya tenido además mis razones. Es cierto que me fui muy de repente, sin despedirme. Seguramente pensaste y supusiste que no había podido hacer otra cosa, que me sentí obligado a obrar así.

—¿Que no pudiste hacer otra cosa? —pregunta el general y levanta la cabeza. Mira a su invitado, con ojos penetrantes, como si el otro fuera un objeto—. De eso se trata exactamente. Eso es lo que me ha dado que pensar, desde hace mucho tiempo. Desde hace cuarenta y un años, si no me equivoco. —El otro no responde y él continúa—: Ahora que soy viejo pienso a menudo en mi infancia. Dicen que es un proceso natural. Uno se acuerda del principio con más fuerza y precisión cuando se acerca el final. Veo rostros y oigo voces. Veo el momento en el que te presento a mi padre, en el jardín de la Academia. Él te aceptó en aquel mismo momento como a un amigo, porque eras mi amigo. Le costaba aceptar a los demás como amigos. Pero se podía contar con su palabra hasta la muerte. ¿Te acuerdas de aquel momento?... Estábamos al pie de los castaños, delante de la entrada principal, y mi padre te dio la mano. «Tú eres el amigo de mi hijo», repuso. «Apreciad vuestra amistad en lo que vale», añadió muy serio. Creo que no había nada en el mundo que fuera más importante para él que esta palabra. ¿Me estás escuchando?... Te lo agradezco. Voy a contártelo todo. Intentaré seguir algún orden. No te inquietes, el coche está dispuesto, te puede llevar a la ciudad en cualquier momento, si así lo deseas. No te inquietes, no tienes por qué dormir en casa, si no quieres. Quiero decir que quizás no estarías cómodo si tuvieras que dormir aquí. Sin embargo, si te apetece, puedes pasar aquí la noche —dice en tono indiferente, como si hablara de un asunto sin im-

portancia. Como el otro hace un gesto negativo, añade—:
Como tú quieras. El coche está dispuesto. Te llevará a la
ciudad y por la mañana podrás partir para tu casa de las
afueras de Londres, para el trópico o para donde quieras.
Pero primero escúchame.

—Te escucho —dice el invitado.

—Te lo agradezco —dice más animado el general—.
Podríamos hablar también de otros asuntos. Dos viejos amigos al final de su vida se acuerdan de muchas cosas. Pero
nosotros, ya que estás aquí, sólo hablaremos de la verdad.
Partamos del hecho de que mi padre te aceptó como amigo.
Sabes muy bien lo que esto significaba para él, supiste desde aquel mismo instante que cuando él le daba la mano a alguien, ese alguien podía contar con su apoyo, en cualquier
momento de apuro o de infortunio, hasta la muerte. Raras
veces daba la mano a alguien. Pero cuando lo hacía, lo hacía
de verdad. Así te dio la mano a ti, en el jardín de la Academia, al pie de los castaños. Teníamos doce años. Vivíamos
los últimos momentos de la infancia. A veces, por la noche,
veo ese instante con absoluta nitidez, como veo también
todos los demás momentos verdaderamente importantes.
Para mi padre la palabra «amistad» era un sinónimo de honor. Tú lo sabías, puesto que conocías a mi padre. Déjame
añadir que para mí significaba todavía más. Perdóname si
es incómodo para ti todo lo que te estoy contando —añade
en tono reservado, casi cálido.

—No lo es —responde Konrád en tono parecido—.
Cuenta.

—Estaría bien saber —prosigue el general, como si estuviera discutiendo consigo mismo— si de verdad existe la
amistad. No me refiero al placer momentáneo que sienten
dos personas que se encuentran por casualidad, a la alegría
que les embarga porque en un momento dado de su vida
comparten las mismas ideas acerca de ciertas cuestiones, o

porque comparten sus gustos y sus aficiones. Eso todavía no es amistad. A veces pienso que la amistad es la relación más intensa de la vida... y que por eso se presenta en tan pocas ocasiones. ¿Qué se esconde detrás de la amistad? ¿Simpatía? Se trata de una palabra hueca, poco consistente, cuyo contenido no puede ser suficiente para que dos personas se mantengan unidas, incluso en las situaciones más adversas, ayudándose y apoyándose de por vida... ¿por pura simpatía? ¿O se trata quizás de otra cosa?... ¿Habrá tal vez cierto erotismo en el fondo de cada relación humana? Aquí, en mi soledad, en mis bosques, al tratar de comprender los múltiples aspectos de la vida, puesto que no tenía otra cosa que hacer, algunas veces lo he llegado a pensar. Naturalmente, la amistad es algo distinto, no tiene nada que ver con la atracción enfermiza de quienes buscan la satisfacción con personas de su propio sexo. Al erotismo de la amistad no le hace falta el cuerpo... no le es atractivo, resulta incluso inútil. Sin embargo, no deja de ser erotismo. En el fondo de todo amor, de todo cariño, de toda relación humana late el erotismo. ¿Sabes?, he estado leyendo mucho —apostilla, como para disculparse—. Hoy se escribe de todo esto con más libertad. También he releído muy a menudo a Platón, puesto que en la Academia no entendí nada de lo que quería decir. La amistad, así lo creo (aunque tú, que has recorrido medio mundo, sabrás de esto mucho más de lo que yo haya podido dilucidar aquí en mi soledad rural), la amistad es la relación más noble que pueda haber entre los seres humanos. Es curioso: los animales también la conocen. Existe la amistad entre los animales, el altruismo, la disposición para ayudar. Un conde ruso ha escrito sobre ello... no me acuerdo de su nombre. Existen leones y urogallos, y también otros animales de distinto género y procedencia, que intentan ayudar a los de su especie cuando se encuentran en apuros, incluso tratan de salvar a animales de otras especies:

lo he visto con mis propios ojos. ¿Has visto algo parecido en el extranjero?... Allí seguramente la amistad significa otra cosa, más desarrollada, más moderna que aquí, en este mundo nuestro tan atrasado. Los seres humanos organizan su ayuda común... aunque a veces les cuesta vencer los obstáculos que se presentan; siempre, en cada comunidad de seres vivos, hay personas fuertes y abnegadas. He visto cientos de casos en el mundo animal. Entre los hombres he visto menos. Para ser exactos, no he visto ninguno. Las relaciones basadas en la simpatía que he visto nacer y desarrollarse entre los seres humanos han terminado ahogándose invariablemente en los cenagales de la egolatría y de la vanidad. El compañerismo y la camaradería adquieren en ocasiones el aspecto de la amistad. Los intereses en común pueden producir situaciones humanas que se parecen a la amistad. También la soledad hace que las personas se refugien en relaciones más íntimas: al final se arrepienten, aunque al principio crean que esa intimidad es ya una forma de amistad. Claro, todo esto no tiene nada que ver con la verdadera amistad. Uno está convencido, y mi padre todavía lo entendía así, de que la amistad es un servicio. Al igual que el enamorado, el amigo no espera ninguna recompensa por sus sentimientos. No espera ningún galardón, no idealiza a la persona que ha escogido como amiga, ya que conoce sus defectos y la acepta así, con todas sus consecuencias. Esto sería el ideal. Ahora hace falta saber si vale la pena vivir, si vale la pena ser hombre sin un ideal así. Y si un amigo nuestro se equivoca, si resulta que no es un amigo de verdad, ¿podemos echarle la culpa por ello, por su carácter, por sus debilidades? ¿Qué valor tiene una amistad si sólo amamos en la otra persona sus virtudes, su fidelidad, su firmeza? ¿Qué valor tiene cualquier amor que busca una recompensa? ¿No sería obligatorio aceptar al amigo desleal de la misma manera que aceptamos al abnegado y fiel? ¿No sería justamente la abnegación la verdadera esencia de cada relación humana, una abnegación que no pretende nada, que no espera nada del otro? ¿Una abnegación que cuanto más da, menos espera a cambio? Y si uno entrega a alguien toda la confianza de su juventud, toda la disposición al sacrificio de su edad madura y finalmente le regala lo máximo que un ser humano puede dar a otro, si le regala toda su confianza ciega, sin condiciones, su confianza apasionada, y después se da cuenta de que el otro le es infiel y se comporta como un canalla, ¿tiene derecho a enfadarse, a exigir venganza? Y si se enfada y pide venganza, ¿ha sido un amigo él mismo, el engañado y abandonado? ¿Ves?, este tipo de cuestiones teóricas me han ocupado desde que me quedé solo. Por supuesto que la soledad no me ha dado la menor respuesta. Los libros tampoco me han dado la respuesta acertada. Ni los antiguos, los tratados de los pensadores chinos, hebreos o latinos, ni los modernos, que utilizan expresiones sin eufemismos, pero se quedan sólo en el nivel de las palabras y tampoco llegan a la verdad. Pero además... ¿alguien ha dicho o escrito alguna vez la verdad?... También he pensado en esto muchas veces desde que empecé a buscar en mi alma y en los libros. El tiempo iba pasando y la vida se volvía cada vez más confusa a mi alrededor. Los libros y los recuerdos se acumulaban y se volvían cada vez más coherentes. Cada libro contenía una pizca de la verdad, y cada recuerdo me confirmaba que uno reconoce en vano la verdadera naturaleza de las relaciones humanas, y que tampoco se hace más sabio a fuerza de conocimientos. Por eso no tenemos ningún derecho a exigir ni la verdad ni la fidelidad de aquel a quien un día aceptamos como amigo, ni siquiera aunque los acontecimientos hayan demostrado que ese amigo ha sido infiel.

—¿Estás absolutamente seguro —pregunta el invitado— de que aquel amigo fue infiel?

Los dos permanecen callados durante un tiempo. Parecen diminutos en las sombras, a la luz inquieta de las velas: dos ancianos enjutos que se miran y que casi se desvanecen en la oscuridad.

—No estoy seguro del todo —responde el general—. Por eso estás aquí. De eso mismo estamos hablando.

Se echa hacia atrás en el sillón, cruza los brazos, con un movimiento tranquilo y disciplinado. Sigue hablando así:

—Desde luego, existe la verdad de los hechos. Ocurrió esto y lo otro. De tal y cual manera. En tal y cual momento. Esto no es difícil de descubrir. Los hechos hablan por sí solos, como suele decirse, y al final de una vida acaban delatándose y gritando más fuerte que los acusados en el potro del suplicio. Al fin y al cabo, todo ha ocurrido como ha ocurrido, y esto no tiene vuelta de hoja. Sin embargo, a veces los hechos son solamente consecuencias lamentables de otros hechos. Uno no peca por lo que hace, sino por la intención con que lo hace. Todo se resume en la intención. Los más importantes sistemas jurídicos de la antigüedad, basados en la religión (que yo he estudiado), lo conocen y lo proclaman. Una persona puede cometer una infidelidad, una infamia, sí, y hasta puede matar, y al mismo tiempo mantenerse puro y limpio por dentro. Una acción en sí no representa la verdad. Sólo es una consecuencia, y si un día uno se ve obligado a ejercer de juez, si pretende juzgar a alguien, tiene que llegar más allá de los hechos del informe policial, y tiene que conocer lo que los doctores en derecho llaman los motivos. Es fácil comprender el hecho de tu huida. Pero no los motivos. Puedes creerme si te digo que en los últimos cuarenta y un años he buscado y examinado cada posibilidad que pudiera explicar ese paso incomprensible. Ninguna de mis hipótesis me ha dado la respuesta. Solamente la verdad puede darme la respuesta —dice.

—Hablas de huida —dice Konrád—. Es una palabra dura. Al fin y al cabo, yo no debía nada a nadie. Puse mi grado al servicio de mis superiores, como es debido. No dejé detrás la menor deuda, ni había prometido a nadie nada que no hubiese cumplido. Huida es una palabra demasiado dura —dice con seriedad, y se yergue en el sillón.

Sin embargo, el temblor de su voz delata que la emoción que le embarga y que le confiere un matiz de gravedad no es del todo sincera.

—Es posible que sea una palabra dura —dice el general, y asiente con la cabeza—. Sin embargo, si ves todo lo ocurrido desde la lejanía, tienes que reconocer que es difícil encontrar una palabra menos dura, más suave. Dices que no debías nada a nadie. Eso es cierto y no lo es. Claro que no debías nada a tu sastre, ni a ningún usurero de la ciudad. Tampoco me debías dinero a mí, ni dejaste a nadie ninguna promesa incumplida. Sin embargo, aquel día de julio (ya ves, me acuerdo perfectamente de que era miércoles), cuando dejaste la ciudad, sabías que dejabas atrás una deuda. Por la noche fui a tu casa, porque me dijeron que te habías marchado. Me había enterado al atardecer, en unas circunstancias particulares. Podemos hablar de ello en otro momento, si lo deseas. Fui a tu casa y me recibió tu ordenanza. Le pedí que me dejara solo, en tu habitación, en aquella casa donde habías vivido durante los últimos años, cumpliendo tu servicio en esta ciudad, cerca de nosotros. —Se calla. Se echa hacia atrás en el sillón, se cubre los ojos, como contemplando algo del pasado. Continúa hablando tranquilamente, como si dictara una conferencia—. El ordenanza, claro está, me obedeció, no podía hacer otra cosa. Me quedé solo en la habitación donde habías vivido. Observé todo con detenimiento... sabrás perdonarme esa curiosidad indiscreta. Es que de alguna manera no podía creer en la realidad, no podía creer que la persona con quien había pasado la mayor parte de mi vida, veintidós años en concreto, los mejores años de mi adolescencia, de mi juventud y de mi madurez, hubiese huido. Intenté encontrar una excusa, pensé que a lo mejor te habías puesto muy enfermo, deseé que te hubieras vuelto loco o que alguien te estuviera persiguiendo, pensé que habías tenido problemas de juego, que habías traicionado al ejército, a la bandera, a tu palabra y a tu honor. Tales cosas deseaba. No te sorprendas: para mí, todo eso habría sido un pecado menor del que habías cometido en realidad. Hubiese aceptado cualquier cosa como excusa, como explicación, incluso la infidelidad hacia los ideales más nobles del mundo. Había una sola y única cosa que no me podía explicar: que hubieses pecado contra mí. Eso no lo comprendía. Para eso no existía ninguna excusa. Te fuiste como un malversador, como un ladrón, te fuiste después de haber estado con nosotros, con Krisztina y conmigo, aquí, en esta misma casa, donde solíamos pasar horas y horas todos los días y algunas noches, durante años, en medio de una confianza y de una íntima hermandad como la que une a los gemelos, esos seres peculiares que la naturaleza caprichosa une para siempre, en la vida y en la muerte. Los gemelos, como sabes, incluso en la edad adulta, y hasta separados por grandes distancias, lo saben todo el uno del otro. Obedeciendo las órdenes ocultas de su metabolismo, enferman al mismo tiempo, de la misma dolencia, aunque uno viva en Londres y el otro lejos, en otro país. No se escriben, no se hablan, viven en circunstancias muy distintas, comen alimentos diferentes, los separan miles y miles de kilómetros. Sin embargo, a la edad de treinta o de cuarenta años, sufren al mismo tiempo la misma enfermedad, un cólico hepático o una apendicitis, y les quedan las mismas posibilidades de vivir y de morir. Los dos cuerpos viven en simbiosis, como en el útero materno... Los dos aman y odian a las mismas personas. Es así, es una ley de la naturaleza. No ocurre muchas veces... pero tampoco es tan raro como algunos creen. Yo he llegado a pensar que la amistad es un lazo parecido a la unión fatal de los gemelos. Esa peculiar correspondencia de las vocaciones, de las simpatías, de los gustos, de los aprendizajes, de las emociones ata a dos personas y les asigna un mismo destino. Hagan lo que hicieren contra el otro, sus destinos seguirán siendo comunes. Huyan donde huyeren, seguirán sabiendo el uno del otro todo lo que resulte importante. Ya elijan un nuevo amigo o una nueva amante, no se librarán de sus vínculos sin el permiso secreto y tácito del otro. El destino de estas personas transcurre así, de manera paralela, aunque el uno se aparte del otro y se vaya muy lejos, al trópico, por ejemplo. Todo eso pensé, distraídamente, allí, en tu habitación, el día de tu huida. Veo aquel instante con absoluta nitidez, puedo ver perfectamente las luces de la casa, puedo sentir el olor denso a tabaco inglés, puedo ver los muebles, el sofá cama cubierto de tapices orientales, las escenas ecuestres que decoraban las paredes. Hasta me acuerdo de un sillón de cuero color burdeos, habitual en los salones de fumador. Aquel sofá cama era grande, se veía que estaba hecho a medida, por esta región no se fabrican muebles así. Era un sofá que al abrirse se transformaba en cama de matrimonio.

Observa el humo.

—La ventana daba al jardín. Me acuerdo bien, ¿verdad?... Era la primera vez que estaba allí y fue la última. Nunca habías querido que fuera a verte. Me habías contado de pasada que habías encontrado una casa en alquiler en las afueras de la ciudad: una casa con jardín en un barrio despoblado. La habías encontrado tres años antes de tu huida: disculpa la palabra, ya veo que no te agrada.

—Sigue hablando —dice el invitado—. Las palabras no tienen importancia. Sigue hablando, ya que has empezado.

—¿Lo crees así? —pregunta el general, con afectada ingenuidad—. ¿Que las palabras no tienen importancia? Yo no me atrevería a afirmarlo con tanta seguridad. A veces creo que muchas cosas, que todo depende de las palabras, de las palabras que uno dice a su debido tiempo, o de las que se calla, o de las que escribe... Sí, lo creo así —dice con decisión—. Nunca me habías invitado a tu casa y en consecuencia yo nunca me había presentado allí. Sinceramente, dado que yo era persona rica, creía que te daba vergüenza aquella casa, cuyos muebles habías comprado tú mismo... Quizás pensaras que los muebles eran demasiado sencillos, demasiado pobres... Siempre has sido una persona muy orgullosa —añade con rotundidad—. Lo único que nos separaba en nuestra juventud era el dinero. Tú tenías demasiado orgullo y no podías perdonarme que yo fuera rico. Más tarde, conforme pasaba la vida, llegué a pensar que quizás la riqueza no se puede perdonar. La riqueza que se te ofrecía en calidad de invitado permanente era tan... Yo había nacido con esa riqueza y sin embargo pensaba a veces que era algo que no se podía perdonar. Tú siempre te empeñabas en hacerme sentir la diferencia que había entre los dos en materia de dinero. Los pobres, sobre todo los pobres que se convierten en señores, no perdonan —dice, con una extraña satisfacción en la voz—. Por eso pensé que a lo mejor tratabas de esconder de mí aquella casa, y que sentías vergüenza por unos muebles demasiado sencillos. Ahora me doy cuenta de que esta suposición era una idiotez, aunque tu orgullo no tenía límites. Pues bien, aquel día estaba yo allí, en esa casa que habías alquilado y amueblado, y que nunca me habías enseñado, allí, en tu habitación. Estaba sorprendido, no quería dar crédito a mis ojos. Tu casa, bien lo sabes, era una obra maestra. No era grande, un salón comedor en la planta baja y dos habitaciones en el primer piso, pero todo, absolutamente todo, el jardín, las estancias, los muebles, todo era como la casa que se organiza un artista. En aquel momento comprendí que de verdad eras un artista. También comprendí lo extraño que debías de sentirte entre nosotros, entre la gente normal. Y que quienes te habían obligado a seguir la carrera militar, simplemente por amor y por deseo de que estuvieras por encima de ellos, habían cometido un crimen. No, tú nunca fuiste un soldado; y también entonces comprendí la enorme soledad que sentías viviendo entre nosotros. Aquella casa era un escondite para ti, un refugio, como el castillo o el claustro para los solitarios de la Edad Media. Como los piratas que acumulan todo lo robado, reuniste allí todo lo bello y noble: cortinas y tapices, objetos antiguos de bronce, plata y cristal, muebles, telas delicadas... Sé que en aquellos años murió tu madre y que recibiste también alguna herencia de la parte polaca de tu familia. Una vez me contaste que te esperaban una hacienda y una casa solariega en algún lugar, cerca de la frontera con Rusia. Tu casa era tu verdadera hacienda; aquellos cuadros y muebles rurales malvendidos, tus tres habitaciones. Y también el piano de cola, en el centro del salón de la planta baja, con un paño antiguo encima y un jarrón con tres orquídeas. Por estos lugares solamente se crían orquídeas en mi propio invernadero. Pasé por las habitaciones, observándolo todo con detenimiento. Comprendí que habías vivido entre nosotros pero que no nos pertenecías. Comprendí que habías creado aquella casa como se crea una obra de arte, en secreto, con todas tus fuerzas y con toda tu obstinación, escondiendo del mundo exterior aquel hogar, aquella casa peculiar, donde podías dedicarte a ti mismo y a tu arte. Porque eres un artista, y quizás hubieras podido crear algo —dice como quien no tolera contradicciones—. Todo esto lo comprendí allí, entre los muebles singulares de tu hogar abandonado. Y en aquel instante entró Krisztina.

Cruza los brazos y sigue hablando con la misma monotonía e indiferencia que si estuviese en una comisaría, relatando las circunstancias de un accidente.

—Me encontraba delante del piano, mirando las orquídeas —continúa—. Aquella casa era como un disfraz. ¿O el disfraz era el uniforme? A esta pregunta sólo tú puedes responder; y de alguna manera, ahora, cuando ya todo ha terminado, has respondido con tu vida entera. Uno siempre responde con su vida entera a las preguntas más importantes. No importa lo que diga, no importa con qué palabras y con qué argumentos trate de defenderse. Al final, al final de todo, uno responde a todas las preguntas con los hechos de su vida: a las preguntas que el mundo le ha hecho una y otra vez. Las preguntas son éstas: ¿Quién eres?... ¿Qué has querido de verdad?... ¿Qué has sabido de verdad?... ¿A qué has sido fiel o infiel?... ¿Con qué y con quién te has comportado con valentía o con cobardía?... Éstas son las preguntas. Uno responde como puede, diciendo la verdad o mintiendo: eso no importa. Lo que sí importa es que uno al final responde con su vida entera. Tú te quitaste el uniforme, porque lo considerabas un disfraz, eso ya lo sabemos. Yo lo conservé hasta el último momento, mientras el servicio y el mundo me lo exigieron: ésa fue mi respuesta. Ésta era una de las preguntas. La otra es: ¿qué has tenido tú en común conmigo? ¿Has sido amigo mío? Al fin y al cabo, huiste. Te fuiste sin despedirte, aunque no del todo, puesto que el día anterior, durante la cacería, había ocurrido algo cuyo significado sólo comprendí más adelante, y aquello ya había sido una despedida. Uno nunca sabe qué palabras o acciones suyas anuncian algo definitivo, un cambio fatal e irrevocable en sus relaciones. ¿Por qué fui a tu casa aquel día? No me habías llamado, no te habías despedido, no me habías mandado ningún recado. ¿Qué buscaba yo en aquella casa a la que nunca me habías invitado, precisamente el día que acababas de irte de ella para siempre? ¿Qué noticia me incitó a coger el coche, ir a la ciudad y presentarme en tu casa, que en aquel momento ya estaba vacía?... ¿De qué me había enterado el día anterior, durante la cacería? ¿No hubo alguna señal que te delatara?... ¿No hubo alguna noticia confidencial, un aviso, un informe diciéndome que te preparabas para huir?... No, todos callaban, incluso Nini: ¿te acuerdas de la vieja nodriza? Ella lo sabía todo de nosotros. ¿Vive todavía? Sí, vive, a su manera. Vive como ese árbol que hay delante de la ventana, plantado por mi bisabuelo. Tiene su tiempo, el tiempo designado para ella, como cada ser vivo, el tiempo que le corresponde vivir. Ella lo sabía. Pero no dijo nada. Yo estuve completamente solo durante aquellos días. Sin embargo, supe que era el instante en que todo acababa de madurar, de revelarse; el instante en que todo y todos encontramos nuestro lugar, tú, yo y todos. Sí, me enteré de todo esto durante la cacería —dice, evocando los recuerdos, como si estuviera respondiendo a una pregunta muchas veces formulada por él mismo. Y se calla.

—¿De qué te enteraste en la cacería? —pregunta Konrád.

—Fue una cacería preciosa —dice, con voz casi cálida, como quien revive un hermoso recuerdo con todos sus detalles—. La última gran cacería que hubo por estos bosques. En aquella época aún había grandes cazadores de verdad... quizás los haya todavía, no lo sé. Para mí fue la última cacería en mis bosques. Desde entonces solamente vienen hombres con escopetas propias, invitados a los que recibe el montero y que disparan sus armas en los bosques. La cacería, la verdadera cacería, era otra cosa. Tú no lo puedes comprender, puesto que nunca has sido un cazador. Para ti se trataba sólo de una obligación, de una obligación militar y noble, como montar a caballo o participar en la vida social. Ibas de caza, pero sólo como quien se resigna ante un formalismo social. Cazabas con una expresión de desprecio. Llevabas el arma de una manera descuidada, como si fuera un bastón o una caña. No conocías esa extraña pasión, la más secreta de todas las pasiones de la vida de un hombre, la que se esconde más allá de los papeles, disfraces y enseñanzas, en los nervios de cada hombre, en lo más recóndito, como se esconde el fuego eterno en las profundidades de la tierra. Es la pasión por matar. Somos humanos, para nosotros es ley de vida el matar. No podemos evitarlo... Matamos para defender, matamos para conseguir, matamos para vengarnos. ¿Te ríes?... ¿Te ríes con desprecio? ¿Te has convertido en un artista y se han refinado en tu alma todos estos instintos bajos y brutales?... ¿Crees que nunca has matado a ningún ser vivo? No estés tan seguro —sentencia con severidad y ecuanimidad—. Ha llegado la noche en que no tiene sentido hablar de otra cosa que no sea la verdad, lo esencial, puesto que esta noche no tiene continuación, quizás ya no haya muchas noches ni muchos días que la continúen... quiero decir que en ningún caso habrá ni un día ni una noche verdaderamente importantes después de ésta. Quizás recuerdes que yo también viajé por Oriente: durante mi luna de miel con Krisztina. Viajábamos entre árabes, en Bagdad fuimos invitados de una familia árabe. Son gente nobilísima y tú, que has viajado por el mundo, lo sabes bien. Su vanidad, su orgullo, su comportamiento, su carácter apasionado, su tranquilidad, la disciplina de sus cuerpos, la conciencia de sus propios movimientos, sus juegos y sus ojos que nunca dejan de brillar, todo refleja en ellos una nobleza a la antigua usanza, parecida a la nobleza ancestral, de cuando el hombre se dio cuenta de su rango en el caos de la creación. Según algunas teorías, la raza humana surgió por esos lugares, en las profundidades del mundo árabe, en el principio de los tiempos, antes de que surgieran los pueblos, las tribus y las civilizaciones. Quizás por eso son tan orgullosos. No lo sé. No entiendo de estas cosas... Pero sí entiendo del orgullo, y de la misma manera que la gente siente, sin necesidad de signos externos, cuándo son de la misma sangre y de la misma raza, yo sentí en las semanas pasadas en Oriente que todos ellos eran miembros de la nobleza, incluso hasta los últimos mugrientos pastores de camellos. Como te decía, vivíamos en una casa árabe, en una casa que parecía un palacio: éramos los invitados de una familia árabe por recomendación de nuestro embajador. Aquellas casas tan frescas, tan blancas... ¿las conoces? El patio interior, donde transcurre la vida de la familia y de la tribu, es a la vez mercado, parlamento y templo... Sus movimientos reflejan la pereza, sus ganas constantes y apremiantes de juguetear. Detrás de su holgazanería elegante y agresiva se esconden las ganas de vivir y las pasiones, como se esconden las serpientes detrás de las piedras inmóviles, bañadas por el sol. Una noche recibieron invitados, en nuestro honor, invitados árabes. Hasta aquella noche, se habían comportado con nosotros más bien a la europea, pues nuestro anfitrión era juez y contrabandista, uno de los hombres más ricos de su ciudad. Las habitaciones de los huéspedes estaban amuebladas con mobiliario inglés y la bañera era de plata. Sin embargo, aquella noche vimos algo muy diferente. Los huéspedes llegaron después del atardecer: eran todos hombres, señores con sus criados. El fuego ya ardía en medio del patio y se elevaba un humo maloliente, el humo penetrante de la hoguera, alimentada con excrementos de camello. Todos nos sentamos alrededor del fuego sin decir palabra. Krisztina era la única mujer entre nosotros. A continuación, trajeron un cordero, un cordero blanco; el anfitrión sacó su cuchillo y lo mató con un movimiento imposible de olvidar... Ese movimiento no se puede aprender; ese movimiento oriental todavía conserva algo del sentido simbólico y religioso del acto de matar, del tiempo en que ese acto significaba una unión con algo esencial, con la víctima. Con ese movimiento levantó su cuchillo Abraham contra Isaac en el momento del sacrificio; con ese movimiento se sacrificaba a los animales en los altares de los templos antiguos, delante de la imagen de los ídolos y deidades; con ese movimiento se cortó también la cabeza a san Juan Bautista... Es un movimiento ancestral. Todos los hombres de Oriente lo llevan en la mano. Quizás el hombre haya nacido con ese movimiento al separarse de aquel ser intermedio que fue, de aquel ser entre animal y hombre... según algunos antropólogos, el hombre nació con la capacidad de doblar el pulgar y así pudo empuñar un arma o una herramienta. Bueno, quizás empezara por el alma, y no por el dedo pulgar, yo no lo puedo saber... El hecho es que aquel árabe mató el cordero, y de anciano de capa blanca e inmaculada se convirtió en sacerdote oriental que hace un sacrificio. Sus ojos brillaron, rejuveneció de repente, y se hizo un silencio mortal a su alrededor. Estábamos sentados en torno del fuego, mirando aquel movimiento de matar, el brillo del cuchillo, el cuerpo agonizante del cordero, la sangre que manaba a chorros, y todos teníamos el mismo resplandor en los ojos. Entonces comprendí que aquellos hombres viven todavía cercanos al acto de matar: la sangre es una cosa conocida para ellos, el brillo del cuchillo es un fenómeno tan natural como la sonrisa de una mujer o la lluvia. Aquella noche comprendimos (creo que Krisztina también lo comprendió, porque estaba muy callada en aquellos momentos, se había puesto colorada y luego pálida, respiraba con dificultad y volvió la cabeza hacia un lado, como si estuviera contemplando sin querer una escena apasionada y sensual), comprendimos que en Oriente todavía se conoce el sentido sagrado y simbólico de matar, y también su significado oculto y sensual. Porque todos sonreían, todos aquellos hombres con rostro de piel oscura, de rasgos nobles, todos entreabrían los labios y miraban con una expresión de éxtasis y arrobamiento, como si matar fuera algo cálido, algo bueno, algo parecido a besar. Es extraño, pero, en húngaro, estas dos palabras, matanza y beso, *ölés* y *ölelés*, son parecidas y tienen la misma raíz... Así es. Claro, nosotros somos occidentales —prosigue con otra entonación, un tanto modificada, como si estuviera dictando una conferencia—. Somos occidentales, o por lo menos llegados hasta aquí e instalados. Para nosotros, matar es una cuestión jurídica y moral, o una cuestión médica, un acto permitido o prohibido, un fenómeno limitado dentro de un sistema definido tanto desde un punto de vista jurídico como moral. Nosotros también matamos, pero lo hacemos de una forma más complicada: matamos según prescribe y permite la ley. Matamos en nombre de elevados ideales y en defensa de preciados bienes, matamos para salvaguardar el orden de la convivencia humana. No se puede matar de otra manera. Somos cristianos, poseemos sentimiento de culpa, hemos sido educados en la cultura occidental. Nuestra historia, antigua y reciente, está llena de matanzas colectivas, pero bajamos la voz y la cabeza, y hablamos de ello con sermones y con reprimendas, no podemos evitarlo, éste es el papel que nos toca desempeñar. Además está la caza y sólo la caza —añade con otra entonación, casi alegre—. En las cacerías también respetamos ciertas leyes caballerescas y prácticas, respetamos a los animales salvajes, hasta donde lo exijan las costumbres del lugar, pero la caza sigue siendo un sacrificio, o sea, el vestigio deformado y ritual de un acto religioso ancestral, de un acto primigenio de la era del nacimiento de los humanos. Porque no es verdad que el cazador mate para obtener su presa. Nunca se ha matado solamente por eso, ni siquiera en los tiempos del hombre primitivo, aunque éste se alimentara casi exclusivamente de lo que cazaba. A la caza la acompañaba siempre un ritual tribal y religioso. El buen cazador era siempre el primer hombre de la tribu, una especie de sacerdote. Claro, todo esto perdió fuerza con el paso del tiempo. Sin embargo, quedaron los rituales, aunque debilitados. Por mi parte, puedo decir que yo quizás no haya disfrutado tanto de nada como de aquellas madrugadas, de aquellas mañanas de cacería. Uno se despierta cuando todavía es de noche, se viste de una manera especial, de manera distinta de las demás mañanas, se pone ropas sencillas, cuidadosamente escogidas, desayuna de otra forma, se fortalece el corazón con una copita de aguardiente, come un poco de carne fría en el comedor iluminado con un farol. Me gustaba hasta el olor de la ropa de caza, su paño olía a bosque, a follaje, a aire fresco y a sangre, a la sangre derramada de las aves que llevabas colgadas de la cintura: su sangre siempre ensuciaba la cazadora. Pero ¿ensucia realmente la sangre? ¿Es sucia?... No lo creo. Es la sustancia más noble que existe en este mundo, y el hombre, cuando quería decir a su dios algo importante, algo inexpresable, siempre lo decía con sangre y con sacrificios. También me gustaba el olor a metal y a grasa de las escopetas. El olor a rancio de los artículos de piel. Todo esto me encantaba —dice, casi con vergüenza, como un anciano que reconoce una debilidad—. Más tarde, sales al patio de la casa, los compañeros ya te están esperando, el sol no ha salido todavía, el montero tiene atados los perros y te hace el resumen de la noche pasada. Entonces subes al coche y partes. El paisaje ya está despertándose, los bosques se desperezan, como para despejarse el sueño, con movimientos lentos y vagos. Todo huele tan limpio como si estuvieras regresando a otro país, a un país que fue tu patria en el principio de los tiempos. El coche se detiene al borde del bosque, te bajas, tu montero y tu perro te acompañan en silencio. El follaje húmedo apenas hace ruido debajo de tus botas. Los senderos están llenos de huellas de animales. Todo recobra la vida a tu alrededor: la luz descorre la bóveda del bosque, como si un artilugio secreto, el mecanismo oculto del teatro del mundo, empezara a funcionar. Los pájaros se ponen a cantar, un cervatillo corre por el sendero, lejos, a unos trescientos pasos de distancia, y tú te escondes entre los arbustos y pones allí toda tu atención. Has traído el perro, no puedes perseguir al venado... El animal se detiene, no ve, no huele nada, porque el viento viene de frente, pero sabe que su final está cerca; levanta la cabeza, vuelve el cuello tierno, su cuerpo se tensa, se mantiene así durante algunos segundos, en una postura magnífica, delante de ti, como paralizado, como el hombre que se queda inmóvil ante su destino, impasible, sabiendo que el destino no es casualidad ni accidente, sino el resultado natural de unos acontecimientos encadenados, imprevisibles y difícilmente inteligibles. En ese instante lamentas no haber traído tu mejor arma de fuego. Tú también te detienes en medio de los arbustos, te paralizas, tú también, el cazador. Sientes en tus manos un temblor ancestral, tan antiguo como el hombre mismo, la disposición para matar, la atracción cargada de prohibiciones, la pasión más fuerte, un impulso que no es ni bueno ni malo, el impulso secreto, el más poderoso de todos: ser más fuerte que el otro, más hábil, ser un maestro, no fallar. Es lo que siente el leopardo cuando se prepara para saltar, la serpiente cuando se yergue entre las rocas, el cóndor cuando desciende de las alturas, y el hombre cuando contempla su presa. Esto mismo sentiste tú, quizás por primera vez en tu vida, cuando en aquel bosque, en

114

aquel punto de acecho, levantaste el arma y apuntaste para matarme.

Se inclina por encima de la pequeña mesa que hay entre los dos, delante de la estufa, se sirve una copita de licor, y saborea el líquido color púrpura con la punta de la lengua. Satisfecho, vuelve a poner la copita sobre la mesa.

14

—Todavía era de noche —continúa, al ver que el otro no reacciona, no protesta, no da indicios de haber oído la acusación, ni moviendo la mano ni parpadeando—. Era el momento exacto en que la noche se separa del día, el mundo inferior del mundo superior. Quizás haya otras cosas que también se separan en esos momentos. Se trata de ese último segundo en que todavía están unidos lo bajo con lo alto, la luz y las tinieblas, tanto en lo humano como en lo universal; cuando los dormidos despiertan de sus pesadillas, cuando los enfermos suspiran de alivio, porque sienten que se ha acabado el infierno de la noche y que desde ese mismo momento sus sufrimientos serán más ordenados, más comprensibles; es el instante en que la regularidad y transparencia del día revelan y separan lo que en la oscuridad de la noche era sólo un deseo fervoroso, un anhelo secreto, una pasión enfermiza y espantosa. A los cazadores y a los animales salvajes les gusta ese instante. Ya no es de noche, pero tampoco es de día. Los olores del bosque son intensos y salvajes en esos momentos; como si todos los seres vivos empezaran a despertar a la vez en el dormitorio del mundo, como si todos exhalaran sus secretos y sus maldades: las plantas, los animales y también los seres humanos. Se levanta un viento suave, como cuando alguien despierta, aspira y suspira al acordarse del mundo en que ha nacido. El follaje húmedo, los helechos, los musgosos fragmentos de corteza desprendidos de los árboles, el sendero del bosque cubierto de piñas descompuestas, hojarasca y agujas que forman un tapiz blando, resbaladizo y uniforme, lleno de gotas de rocío, desprenden un olor a tierra tan embriagador como el perfume de la pasión que desprende el sudor de los enamorados. Es un instante misterioso: los antiguos paganos lo celebraban en medio de los bosques, con devoción, con los brazos alzados, con el rostro vuelto hacia Oriente, en una espera mágica, la misma que renace una y otra vez en el corazón de los humanos, atados a la materia, que anhelan el momento de la llegada de la luz, o sea, de la razón y del conocimiento. Los animales salvajes se acercan a la fuente para beber. La noche no ha terminado todavía, en el bosque siguen ocurriendo cosas, la fase vigilante de la caza que ocupa las noches de los animales salvajes no ha acabado aún: el gato montés sigue al acecho, el oso devora el último bocado de su presa, el ciervo en celo se acuerda de los momentos de pasión en la noche de luna, se detiene en medio del prado, donde se batió por amor, levanta con orgullo la testa pegajosa y herida, y mira a su alrededor, con sus ojos rojos, excitados, serios y tristes, como quien se acuerda para siempre de una pasión. La noche todavía está viva en medio del bosque, la noche con todo lo que esta palabra esconde: la presa, el amor, el ir y venir, la conciencia de la alegría gratuita de vivir y de la lucha por la vida. Es el momento en que ocurren cosas no solamente en las profundidades del bosque, sino también en el fondo oscuro de los corazones humanos. Porque los corazones humanos también tienen sus noches, colmadas de una pasión tan salvaje como la pasión de conquista y de caza que anida en el corazón del ciervo o del lobo. El sueño, el deseo, la vanidad, la egolatría, la ira del macho sediento de placer, la envidia, la venganza, todas las pasiones anidan en la noche del alma humana, siempre al acecho, como el zorro, el buitre o el chacal en la noche de los desiertos de Oriente. También existen instantes en que no es de noche ni de día en los corazones humanos, instantes en que los animales salvajes salen de su escondite, de las madrigueras del alma, y en que tiembla en nuestro corazón y se transforma en movimiento de nuestra mano una pasión que hemos tratado en vano de domesticar durante años, durante muchísimos años... Todo ha sido en vano: hemos negado, sin la menor esperanza, el sentido de esta pasión, incluso a nosotros mismos, pero el contenido real de la pasión era más fuerte que nuestros propósitos, y la pasión no se ha disipado, sino que ha cristalizado. En el fondo de cada relación humana existe una materia palpable, y esa realidad no cambia, por muchos argumentos o astucias que se utilicen. La realidad era que tú me odiabas, que me habías odiado durante veintidós años, con una pasión cuyo fervor caracteriza sólo las relaciones más intensas, como... sí, como el amor. Me odiabas, y cuando un sentimiento, una pasión, se apodera por completo del alma humana, al lado del entusiasmo arde el deseo de venganza también... Porque la pasión no conoce el lenguaje de la razón, ni sus argumentos. Para una pasión, es completamente indiferente lo que reciba de la otra persona: quiere mostrarse por completo, quiere hacer valer su voluntad, incluso aunque no reciba a cambio más que sentimientos tiernos, buenos modales, amistad y paciencia. Todas las grandes pasiones son desesperadas: no tienen ninguna esperanza, porque en ese caso no serían pasiones, sino acuerdos, negocios razonables, comercio de insignificancias. Me odiabas y tu odio era un lazo tan fuerte como si me hubieses amado. ¿Por qué me odiabas?... He tenido tiempo suficiente para analizar ese sentimiento. Nunca aceptaste dinero de mí, ni regalos, ni permitiste que nuestra amistad se transformara en una auténtica hermandad, y si yo no hubiese sido tan joven en aquella época, me podría haber dado cuenta de que era una señal sospechosa y peligrosa. Quien no acepta los detalles, probablemente es que lo quiere todo, absolutamente todo. Me odiabas ya desde niño, desde el primer instante en que nos conocimos en aquella Academia tan peculiar donde mejoraban y domesticaban a los ejemplares escogidos del mundo que nosotros conocíamos; me odiabas porque yo tenía algo que a ti te faltaba. ¿Qué era? ¿Qué habilidad, qué rasgo de carácter?... Tú siempre has sido el más culto, el artista, el más aplicado, el más virtuoso, el que tenía talento, el que tenía un instrumento de música, el que tenía un secreto y además literalmente: tu secreto era la música. Tú eras el pariente de Chopin, el misterioso, el orgulloso. Pero en el fondo de tu alma habitaba una emoción convulsa, un deseo constante, el deseo de ser diferente de lo que eras. Es la mayor tragedia con que el destino puede castigar a una persona. El deseo de ser diferentes de quienes somos: no puede latir otro deseo más doloroso en el corazón humano. Porque la vida no se puede soportar de otra manera que sabiendo que nos conformamos con lo que significamos para nosotros mismos y para el mundo. Tenemos que conformarnos con lo que somos, y ser conscientes de que a cambio de esta sabiduría no recibiremos ningún galardón de la vida: no nos pondrán ninguna condecoración por saber y aceptar que somos vanidosos, egoístas, calvos y tripudos; no, hemos de saber que por nada de eso recibiremos galardones ni condecoraciones. Tenemos que soportarlo, éste es el único secreto. Tenemos que soportar nuestro carácter y nuestro temperamento, ya que sus fallos, egoísmos y ansias no los podrán cambiar ni nuestras experiencias ni nuestra comprensión. Tenemos que soportar que nuestros deseos no siempre tengan repercusión en el mundo. Tenemos que soportar que las personas que amamos no siempre nos amen, o que no nos amen como nos gustaría. Tenemos que soportar las traiciones y las infidelidades, y lo más difícil de todo: que una persona en concreto sea superior a nosotros, por sus cualidades morales o intelectuales. Esto es lo que he aprendido en setenta y cinco años de vida, aquí, en medio de este bosque. Pero tú no has podido soportarlo —dice en voz baja.

Se calla, mira al vacío con sus ojos de miope. Y prosigue, como buscando una excusa:

—Claro que cuando todavía éramos muchachos, no sabías nada de esto. Era un tiempo maravilloso, una época mágica. La memoria de la vejez lo magnifica todo y muestra cada detalle con absoluta nitidez. Éramos unos niños y éramos amigos, y eso es un gran regalo de la vida, agradezcamos al destino el haberlo disfrutado. Sin embargo, más adelante, cuando se formó tu carácter, ya no pudiste soportar que te faltara algo que yo tenía: mis orígenes, mi educación, algún don divino... ¿Cuál era esta aptitud? ¿Se trataba de una aptitud? Simplemente se trataba de que a ti el mundo te miraba con indiferencia, a veces hasta con hostilidad, y a mí la gente sólo me regalaba sonrisas y confianza. Tú despreciabas esa confianza y esa amistad que el mundo me ofrecía, las despreciabas y al mismo tiempo estabas mortalmente celoso de ellas. Seguramente imaginabas (no de una manera manifiesta, naturalmente, sino a través de sentimientos confusos) que una persona mimada y amada por el mundo tiene algo de prostituta. Hay personas a quienes todo el mundo quiere, a quienes todo el mundo regala con una sonrisa, a quienes todos miman y perdonan, y esas personas generalmente tienen algo de coquetas, algo de prostitutas. Ya ves, yo ya no tengo miedo de las palabras —dice con una sonrisa alentadora, como queriendo convencer al otro de que tampoco tenga miedo—. Viviendo en soledad, uno lo conoce todo, y ya no le tiene miedo a nada. Las personas en cuya frente brilla una señal divina que muestra que son protegidas de los dioses, se saben seres elegidos, y por eso hay algo de vanidad y de seguridad exagerada en su manera de presentarse ante los demás. Si tú me veías así, te equivocaste. Solamente tus celos pudieron imaginarme de esa manera distorsionada. No estoy tratando de defenderme, porque quiero saber la verdad, y el que busca la verdad tiene que empezar buscando dentro de sí. Lo que tú interpretabas como una gracia, como un don divino en mí, no era otra cosa que benevolencia. Yo fui benévolo hasta el día en que... sí, hasta el día en que estuve en tu casa, de donde tú acababas de huir. Quizás esta benevolencia animaba a la gente a revelarme sus sentimientos, a prodigarme su buena voluntad, sus sonrisas, su confianza. Sí, yo tenía algo (hablo en pasado, porque todo lo que menciono aquí y ahora está ya tan lejos como si estuviera hablando de alguien que ha muerto o a quien nunca conocí), tenía espontaneidad, una franqueza que desarmaba a la gente. Hubo una época en mi vida, la década de la juventud, en que el mundo toleraba con docilidad mi presencia y mis pretensiones. Se trata de la época de la clemencia. Todos vienen a tu encuentro, como si fueras un conquistador, todos acuden a homenajearte con vino, muchachas y guirnaldas de flores. Durante la década en que, tras terminar la Academia, servimos en el ejército, a mí nunca me abandonó aquel sentimiento de seguridad, la convicción de que los dioses me habían regalado un anillo de la suerte, secreto e invisible; de que no me podía pasar nada malo, de que estaba rodeado por sentimientos de amor y de confianza. Esto es lo máximo que un ser humano puede obtener en la vida —añade con seriedad—. Es la mayor gracia. Pero quien se confía, quien se vuelve arrogante o altivo, quien no puede soportar con humildad los agasajos del destino, quien no percibe que ese estado de gracia solamente dura mientras no se malgaste el regalo de los dioses, ése sucumbirá. El mundo sólo perdona, y sólo momentáneamente, a los puros y humildes de corazón... Es decir, que tú me odiabas —afirma muy decidido—. Al acabarse la juventud, conforme iba desapareciendo la magia de la infancia, nuestra relación empezó a enfriarse. No hay un proceso anímico más triste, más desesperado que cuando se enfría una amistad entre dos hombres. Porque entre un hombre y una mujer todo tiene condiciones, como el regateo en el mercado. Pero el sentido profundo de la amistad entre hombres es justamente el altruismo: que no queremos un sacrificio del otro, que no queremos su ternura, que no queremos nada en absoluto, solamente mantener el acuerdo de una alianza sin palabras. Quizás yo mismo fuera el responsable, puesto que no te conocía lo suficiente. Me conformaba conque no me enseñaras todo lo tuyo, admiraba tu inteligencia, esa superioridad amarga y peculiar que emanaba de tu ser, creía que tú también me perdonabas, como los demás, por tener yo ese don de acercarme a la gente con facilidad y con serenidad, ese don de ser amado allí donde tú sólo eras tolerado; creía que me perdonabas que yo me permitiera tratar de tú al mundo. Creía que te alegrabas de ello. Nuestra amistad era como la amistad entre los hombres de las leyendas antiguas. Mientras yo iba por los caminos soleados del mundo, tú te quedabas en la sombra, a propósito. No sé si opinas lo mismo...

—¿No estabas hablando de la cacería?... —pregunta el invitado, para evitar responderle.

—Sí, de la cacería —dice el general—. Pero todo esto tiene también que ver con la cacería. Cuando una persona quiere matar a otra, es porque han ocurrido antes muchas cosas y no sólo que esa persona cargue el arma y la levante. Antes ocurrió todo lo que te he estado contando: que no me pudieras perdonar y que nuestra relación se hubiese deteriorado; una relación que se había engendrado en las aguas profundas de la infancia, de una manera tan compleja y tenaz como si a aquellos dos muchachos los hubiesen acunado los pétalos de las rosas gigantes de los cuentos de hadas, pétalos de *Victoria regia*, inmensos como cunas de ensueño; no sé si recuerdas que yo criaba en el invernadero una de estas plantas misteriosas que sólo florecen una vez al año; y nuestra relación se deterioró. Se acabó el tiempo mágico de la infancia y de la juventud, y quedaron dos adultos, atados por los lazos de una relación delicada y misteriosa, de una relación llamada comúnmente amistad. También conviene saber esto antes de hablar de la cacería. Porque a lo mejor el instante de levantar el arma para matar a alguien no es el momento de la máxima culpa. La culpa ya existe antes, la culpa reside en la intención. Y si yo digo que aquella amistad se deterioró, tengo que saber si se deterioró de verdad, y a causa de qué o de quién. Porque éramos diferentes pero estábamos unidos, yo era diferente de ti, pero nos complementábamos bien, formábamos una alianza, habíamos hecho un pacto entre caballeros, y eso es muy raro en esta vida. En la alianza de nuestra juventud, todo lo que te faltaba a ti, se completaba con lo que el mundo me regalaba a mí. Nosotros éramos amigos —dice en voz muy alta—. Entérate de una vez, por si todavía no lo sabes. Claro que lo sabes, lo habrás descubierto antes o después, en el trópico o en otra parte. Éramos amigos, y esta palabra tiene unos significados cuya responsabilidad sólo la conocen los hombres. Tienes que ser consciente de la absoluta responsabilidad que contiene esta palabra. Éramos amigos, no compañeros, compinches, ni camaradas. Éramos amigos, y no hay nada en el mundo que pueda compensar una amistad. Ni siquiera una pasión devoradora puede brindar tanta satisfacción como una amistad silenciosa y discreta, para los que tienen la suerte de haber sido tocados por su fuerza. Porque si tú y yo no hubiéramos sido amigos, no habrías levantado el arma contra mí aquella mañana, en el bosque, durante la cacería. Y si no hubiéramos sido amigos, yo no habría ido a tu casa al día siguiente, a aquella casa a la que nunca me habías invitado, donde guardabas tu secreto, un secreto malvado e incomprensible que envenenó nuestra amistad. Si no hubieras sido amigo mío, no habrías huido al día siguiente de esta ciudad, de mí, de la escena del crimen, como un asesino, como un delincuente, sino que te habrías quedado aquí, engañándome y traicionándome, y quizás todo esto me habría causado dolor, y herido mi vanidad y mi orgullo, pero no habría sido tan terrible como lo que hiciste por ser mi amigo. Si tú y yo no hubiéramos sido amigos, tú no habrías regresado cuarenta y un años después, como el asesino, el delincuente que vuelve al lugar del crimen. Porque has tenido que regresar, ya lo ves. Y ahora tengo que decirte algo de lo que he tardado en darme cuenta, porque no me lo creía y lo negaba ante mí mismo; tengo que darte una sorpresa terrible, tengo que hacerte una revelación: tú y yo seguimos siendo amigos. Parece que ninguna fuerza exterior puede modificar las relaciones humanas. Tú has matado algo en mí, has destruido mi vida, y yo sigo siendo amigo tuyo. Y yo ahora, esta noche, estoy matando algo en ti, y luego dejaré que te marches a Londres, al trópico o al infierno, y seguirás siendo amigo mío. Tenemos que ser conscientes de todo esto, antes de hablar de la cacería y de todo lo que siguió. Porque la amistad no es un estado de ánimo ideal. La amistad es una ley humana muy severa. En la antigüedad, era la ley más importante, y en ella se basaba todo el sistema jurídico de las grandes civilizaciones. Más allá de las pasiones, de los egoísmos, esta ley, la ley de la amistad, prevalecía en el corazón de los hombres. Era más poderosa que la pasión que une a hombres y a mujeres con fuerza desesperada; la amistad no podía conducir al desengaño, porque en la amistad no se desea nada del otro; se puede matar a un amigo, pero la amistad nacida entre dos personas en la infancia no la puede matar ni siquiera la muerte, puesto que su recuerdo permanece en la conciencia de los hombres, como permanece el recuerdo de una hazaña discreta que no se puede expresar con palabras. Así es, la amistad es una hazaña, en el sentido fatal y silencioso de la palabra, donde no resuenan ni sables ni espadas: una hazaña, como cualquier otra actitud desinteresada. Nuestra amistad era así, y tú eras consciente de ello. Quizás en el momento en que levantaste el arma contra mí, para matarme, nuestra amistad llegaba a su cima y adquiría una intensidad no alcanzada durante los veintidós años de nuestra juventud. Seguramente te acuerdas del momento, porque ha sido desde entonces como el sentido y el contenido de tu vida. Yo también me acuerdo. Nos encontrábamos de pie, inmóviles, detenidos en medio del bosque, entre los pinos. En el punto en que empieza el sendero, se aleja del camino y conduce a lo más profundo, donde el bosque vive su vida propia, intacta y oscura. Iba delante de ti y me detuve, porque a lo lejos, a unos trescientos pasos de distancia, apareció un ciervo que salía de entre los pinos. Ya clareaba, muy lentamente, como si el sol estuviera tanteando con sus rayos a su presa, al mundo, y el ciervo se detuvo en el borde del sendero, levantó la cabeza y miró hacia lo más tupido del bosque, porque sentía el peligro. El instinto, ese milagro, ese sexto sentido que es más refinado y más preciso que el oído o la vista, empezó a funcionar en los nervios del animal. No podía vernos, la brisa matutina soplaba en sentido opuesto, así que no podía aguijonear su sensibilidad al peligro; nosotros estábamos detenidos e inmóviles, porque nos habíamos cansado en la subida: yo me encontraba delante, cerca del sendero, y tú estabas en su borde, entre los árboles, detrás de mí. El montero se había quedado atrás con los perros. Estábamos solos, en medio del bosque, en esa soledad nocturna de la madrugada, del bosque, de las fieras, donde uno siempre se encuentra perdido, perdido en su vida y en el mundo, aunque sólo sea durante un instante, y se siente atraído por un lugar que podría ser su casa, un lugar salvaje y peligroso, pero que sigue siendo su única y verdadera casa: el bosque, las aguas profundas, el escenario del mundo primitivo. Siempre sentía esta atracción cuando iba de caza, cuando caminaba por lo más intrincado del bosque. Aquella vez vi la presa, me detuve, tú también la viste y te quedaste diez pasos más atrás. En momentos así, animales y cazadores, aguzado hasta nuestro sexto sentido, somos totalmente conscientes de la situación, sentimos el peligro, incluso en la oscuridad, y sin tener que mirar hacia atrás. ¿Qué ondas, qué elementos, qué rayos nos traen ese aviso? No lo sé... El aire era puro y limpio. Los pinos no se movían con la brisa ligera. La presa permanecía atenta. No se movía en absoluto, estaba hechizada, porque en el peligro siempre hay algo de fascinación y de encantamiento. Cuando el destino se dirige a nosotros, con cualquier forma, y nos llama por nuestro nombre, en el fondo de nuestra angustia y de nuestro temor siempre brilla cierta atracción, porque uno no solamente quiere vivir a cualquier precio, sino que quiere conocer y aceptar la totalidad de su destino, también a cualquier precio, incluso a costa del peligro y de la destrucción. Esto sentía el ciervo en aquellos instantes, lo sé con total seguridad. Yo también sentía lo mismo, también lo sé con total seguridad. Y tú también lo sentías, unos pasos más atrás, cuando, con la misma fascinación que se había apoderado de mí y del ciervo, allí, delante de ti, a tu alcance, cargaste la escopeta, con el ruido silencioso y frío que producen los metales nobles cuando los utilizan para alguna misión fatal y humana... el ruido que hace un puñal al chocar con otro puñal, o una buena escopeta inglesa cuando la cargan para matar a alguien. Espero que te acuerdes de aquel instante...

—Sí... —dice el invitado.

—Era un momento característico de las cacerías —dice el general, casi con satisfacción, con la satisfacción del entendido—. Por supuesto que fui el único que oyó aquel ruido: era tan apagado que ni siquiera en la quietud del alba lo pudo oír el ciervo, a trescientos pasos de distancia. En ese instante ocurrió algo que nunca podría apoyar con pruebas en un juicio, pero a ti te lo voy a contar, porque tú sí que conoces la verdad. ¿Qué fue lo que ocurrió?... Sólo que yo sentí tus movimientos, sentí con exactitud lo que estabas haciendo, como si hubiese estado viéndote. Estabas detrás de mí, a un lado, a poca distancia. Y yo sentí que levantabas el arma, que la apoyabas en tu hombro y que me apuntabas. Sentí que cerrabas un ojo y que lentamente volvías el fusil hacia mí. Mi cabeza y la cabeza del ciervo estaban en la misma línea de tiro y a la misma altura, delante de ti, con una diferencia de diez centímetros a lo sumo. Sentí que tus manos temblaban. Y con la exactitud que sólo el cazador es capaz de tener para juzgar una situación en el bosque, me di cuenta de que desde donde estabas, no podías apuntar al ciervo: compréndelo, en aquel momento las cuestiones venatorias reflejadas en aquella situación me interesaban más íntimamente que sus componentes humanos. Yo entendía de caza, sabía qué ángulo había que adoptar para tirar al ciervo que trescientos pasos más adelante esperaba el disparo, sin sospechar nada. La situación me lo aclaraba todo, la posición geométrica del cazador y de sus blancos me avisaba de lo que estaba ocurriendo, unos pasos más atrás, en el corazón de un hombre. Estuviste apuntándome durante medio minuto, lo supe también con exactitud, sin reloj, sin equivocarme ni en un segundo. En momentos así, uno lo sabe todo. Sabía que no eras un buen tirador, que me bastaba mover ligeramente la cabeza para que la bala pasara silbando por mi lado, para que tuvieras la posibilidad de matar al ciervo. Sabía también que bastaba un solo movimiento para que el proyectil no saliera nunca de aquella escopeta. Pero también sabía que no podía moverme, porque mi destino en aquel momento ya no dependía de lo que yo decidiera: algo había madurado, algo tenía que ocurrir, según el orden y la manera que correspondiesen. Estaba detenido así, esperando el tiro, esperando que dispararas, y que una bala del arma de mi amigo me matase. La situación era perfecta, no había ningún testigo, el montero andaba lejos, por la linde del bosque, con los perros: era una situación exacta y segura para el «trágico accidente» del cual suelen hablar los periódicos año tras año. Pasó medio minuto y el disparo tardaba. En ese momento, el ciervo se enteró del peligro, y desapareció en el bosque con un salto parecido a una explosión. Nosotros seguimos sin movernos. Entonces bajaste el arma, muy lentamente. Aquel movimiento no se podía oír ni ver. Pero yo lo oía y lo veía, como si hubieras estado delante de mí. Bajaste tu arma, con mucho cuidado, como si el roce del aire pudiera delatar tus intenciones; el momento había pasado, el ciervo había desaparecido entre los pinos, y lo más interesante es que todavía habrías podido matarme, porque no había ningún testigo ocular para relatar la escena, y no habría habido ningún hombre, ningún juez capaz de condenarte; todo el mundo te habría acompañado en el sentimiento si lo hubieses hecho: éramos dos amigos legendarios, Cástor y Pólux, compañeros durante veintidós años en lo bueno y en lo malo, éramos la encarnación de la idea de amistad, y si me hubieses matado, todos habrían tendido sus manos conmiserativas hacia ti para socorrerte; te habrían acompañado en tu duelo, puesto que para los ojos del mundo no existe ningún ser humano con un destino más trágico que quien mata a su amigo, por casualidad y por designio de su destino trágico, digno de una tragedia griega... ¿Dónde habría estado el hombre, el juez, el osado que se habría atrevido a acusar, a proclamar ante el mundo lo increíble, que me habías matado intencionadamente?... No podía haber ninguna prueba para afirmar que habías alimentado una pasión mortal contra mí en tu corazón. La noche anterior habíamos cenado juntos, en familia, con mi esposa, mis parientes y mis compañeros de caza, en la mansión donde tú habías sido un invitado diario desde hacía décadas; nos veían como antes en todas las situaciones de la vida, en el ejército, en sociedad, siempre cordiales y simpáticos el uno con el otro. No me debías dinero, eras como uno más de la familia en mi casa, así que ¿quién hubiese podido pensar que me habías matado?... Nadie. ¿Por qué razón ibas a matarme? Qué suposición más inhumana, imposible, que tú, el amigo más amante, me hubiera matado a mí, al amigo más amado y de quien habría podido recibir todo lo que necesitara en la vida, cualquier ayuda humana y material; alguien que podía considerar mi casa como la suya propia, mi fortuna como la de su hermano, y a mi familia como la que lo había adoptado en su seno. No, la acusación habría recaído sobre quien la hubiese levantado, no podía haber nadie que la formulara, la consternación de los demás habría borrado de la faz de la tierra al desgraciado que se hubiese atrevido a afirmar tal cosa, y la sensibilidad de los demás habría estrechado tu mano, porque aquella terrible desgracia inhumana te habría ocurrido realmente a ti, porque la trágica casualidad había matado a tu mejor amigo con tus propias manos... Ésa era la situación. Y tú no disparaste. ¿Por qué? ¿Qué ocurrió en aquel instante? Quizás simplemente que el ciervo sintió el peligro y escapó: la naturaleza humana siempre necesita algún pretexto material en el momento de cometer un acto excepcional. Lo que habías planeado era algo exacto, concreto y perfecto, pero quizás necesitaba al ciervo; la escena se había estropeado y tú bajaste el arma. Era una cuestión de segundos, así que ¿quién sería capaz de dividir, separar y juzgar?... No tiene importancia. Lo que importa es el hecho, aunque no sirva para decidir en un juicio. El hecho es que me querías matar, y luego, cuando uno de los fenómenos inesperados del mundo desbarató el momento, empezaron a temblarte las manos y no me mataste. El ciervo había desaparecido enseguida entre los árboles, y nosotros no nos movimos. No miré hacia atrás. Nos mantuvimos así durante otro rato. Quizás, si te hubiese mirado a la cara en aquel instante, me habría enterado de todo. Pero no me atrevía a mirarte a la cara. Existe una forma de vergüenza, la más penosa que un ser humano pueda experimentar: la vergüenza de la víctima al tener que mirar a la cara a su asesino. En momentos así, la criatura siente vergüenza ante el Creador. Por eso no te miré a la cara, y cuando se acabó el hechizo que nos mantenía atados y paralizados a los dos, me dirigí hacia la cima del monte, por el sendero. Tú venías detrás, siguiéndome de manera mecánica. A mitad del camino te dije, volviendo la cabeza a medias, sin mirar atrás: «Has fallado.» No respondiste. Aquel silencio fue como una confesión. Porque cualquiera, en situaciones así, habría empezado a hablar, a intentar explicarse con vergüenza o entusiasmo, haciendo bromas o defendiéndose; cualquier cazador habría intentado argumentar a su favor, despreciar a la presa, exagerar la distancia, disminuir las posibilidades de un disparo acertado... Pero tú callabas. Como si dijeses con tu silencio: «Sí, he fallado. No te he matado.» Llegamos a la cima sin decir palabra. Allí nos esperaba el montero con los perros, ya se oían las escopetas en el valle: había empezado la cacería. Nuestros caminos se separaron. Durante la comida, una comida de cazadores, en medio del bosque, tu ojeador me dijo que habías regresado a la ciudad.

El invitado enciende un puro, las manos no le tiemblan, corta la punta del cigarro con un movimiento pausado, el general se inclina hacia él y le alarga una vela para ofrecerle fuego.

—Gracias —dice el invitado.

—Sin embargo, aquella noche viniste a cenar —dice el general—. Como antes, como todas las noches. Viniste a la hora de siempre, a las siete y media, en el cabriolé. Cenamos los tres juntos; como la noche anterior, como muchas otras noches, con Krisztina. Habían puesto la mesa en el comedor principal, como hoy, con los mismos platos, con los mismos adornos, y Krisztina estaba sentada entre los dos. En el centro de la mesa ardían unas velas azules. A ella le gustaba la luz de las velas, le agradaba todo lo que le recordara el pasado, las formas de vida más nobles, los tiempos antiguos. Yo, al regresar de la cacería, había ido directamente a mi habitación, para cambiarme, así que por la tarde no había visto a Krisztina. El criado me dijo que ella había salido de paseo, en el coche, a la ciudad. Nos vimos en el momento de la cena, mientras ponían la mesa; Krisztina ya me estaba esperando, sentada delante de la chimenea, con un pañuelo hindú sobre los hombros, porque hacía una noche húmeda, llena de bruma. Había fuego en la chimenea. Leía y no me oyó cuando entré. Quizás la alfombra había ahogado el ruido de mis pasos, quizás ella estaba demasiado absorta en su lectura, leía un libro en inglés, un libro de viajes por el trópico, así que solamente se dio cuenta de mi presencia en el último instante, cuando ya me encontraba delante de ella. Entonces levantó los ojos; ¿te acuerdas de su mirada? Cuando te miraba, era como si saliera el sol con todo su esplendor; y quizás fuera por la luz de las velas, pero yo me asusté al ver la palidez de su rostro. «¿Se encuentra mal?», le pregunté. No me respondió. Me estuvo mirando un rato, sin decir palabra, con los ojos muy abiertos, y aquel instante fue por lo menos tan largo y tan tenso como el otro, el transcurrido por la mañana, cuando yo esperaba inmóvil que pasara algo, que dijeras algo o que dispararas. Me miraba a los ojos, con tanta atención y detenimiento como si fuera para ella más importante que su propia vida el saber lo que yo estaba pensando, el saber si estaba pensando algo, si sabía algo... Aquello, probablemente, le importaba más que su vida. Siempre es esto lo que importa, incluso más que la presa o que el resultado: saber lo que piensa de nosotros la víctima, o la persona que hemos escogido como víctima... Me miraba a los ojos, como si me estuviera interrogando. Yo le sostenía la mirada, creo. Estuve tranquilo en aquel instante y también más tarde; mi rostro no pudo delatarme ante Krisztina. Por la mañana y por la tarde, en el curso de aquella cacería peculiar, en la que yo mismo también había sido una presa, decidí mantenerme en silencio sobre aquel instante del alba, pasara lo que pasase; decidí callar para siempre ante las dos personas que gozaban de mi confianza: Krisztina y la nodriza; decidí no contarles nada de lo que había acabado por saber aquella madrugada en el bosque. Decidí que te haría observar en secreto por un médico, porque los demonios de la locura se habían apoderado de tu alma, por lo menos entonces así lo creí. No encontraba ninguna otra explicación posible para aquel instante. Una persona que forma parte de mi vida ha enloquecido, me repetía con terquedad, casi con desesperación, durante toda la mañana y durante toda la tarde, y con esta idea te recibí por la noche, cuando llegaste para cenar. Quería salvar la dignidad humana con esta suposición, la dignidad humana en general y en particular, porque si hubieras estado cuerdo, y hubieras tenido alguna razón, no importaba qué clase de razón, para levantar un arma contra mí, entonces todos habríamos perdido nuestra dignidad de seres humanos, todos los que vivíamos en esta casa, Krisztina también y yo también. Así explicaba yo la mirada asustada y sorprendida de Krisztina, cuando estuve delante de ella, después de la cacería. Como si ella hubiera intuido parte del secreto que nos unía a ti y a mí desde aquella madrugada. Las mujeres se dan cuenta de esas cosas, pensé. Entonces llegaste tú, vestido de gala, y nos sentamos a cenar. Charlamos, como todas las noches. También hablamos de la cacería, del papel de los batidores, del fallo que había cometido uno de nuestros invitados, matando a un cervatillo demasiado joven, algo que no sólo era un fallo, sino que también está prohibido... Aquel instante no lo mencionaste en toda la noche. No dijiste nada sobre tu papel en la cacería, sobre aquel extraordinario ciervo que se te había escapado. De esas cosas siempre se habla, aunque uno no sea un cazador muy entusiasta. No dijiste nada de la presa que fallaste, ni de por qué habías abandonado la cacería antes de tiempo, ni de por qué habías regresado a la ciudad sin decir palabra, ni de por qué no habías aparecido hasta la noche. Todo eso era ciertamente muy inusual, contrario a las costumbres y a las convenciones sociales. Podías haber dicho algo sobre aquella mañana... pero no dijiste nada, como si no hubiéramos estado cazando juntos. Hablaste de otra cosa. Preguntaste a Krisztina qué estaba leyendo cuando llegaste y entraste en el salón. Krisztina estaba leyendo algo sobre el trópico. Hablasteis largamente de su lectura, le preguntaste el título del libro, la interrogaste sobre los efectos que aquella lectura ejercía sobre ella, quisiste saber cómo era la vida en el trópico, te comportaste como si te interesara muchísimo aquel tema del cual no sabías nada, y yo me enteré más adelante, por el librero de la ciudad, que tú mismo habías encargado aquel libro y otros parecidos, sobre el mismo tema, y que tú mismo se lo habías prestado a Krisztina unos

134

días antes. No lo supe aquella noche. Me excluisteis de la conversación, puesto que yo no sabía absolutamente nada sobre el trópico. Más tarde, cuando me enteré de que me habíais traicionado aquella noche, me acordé de la escena, volví a oír las palabras que os habíais dicho, y me di cuenta con verdadera admiración de lo bien que actuasteis. Yo no podía saber, no podía sospechar nada de vuestras palabras: hablabais del trópico, de un libro, de otras lecturas, más generales. Te interesaba la opinión de Krisztina, sobre todo querías saber si creía que una persona nacida en otro clima podía soportar las condiciones de vida del trópico... ¿Qué pensaba Krisztina? A mí no me preguntaste. ¿Y ella? ¿Podría soportar la lluvia, el vapor cálido, la bruma ardiente que ahoga, la soledad en medio de los cenagales y de la selva?... ¿Lo ves?, las palabras siempre se repiten. Cuando estuviste aquí por última vez, en el mismo sitio, en el mismo sillón, hace ahora cuarenta y un años, también hablabas de lo mismo: del trópico, de los cenagales, de la bruma cálida y de la lluvia. Y hace un rato, cuando entraste en esta casa, tus primeras palabras fueron sobre los cenagales, el trópico, la lluvia y la bruma ardiente. Sí, las palabras vuelven. Todo vuelve, las cosas y las palabras avanzan en círculo, a veces atraviesan el mundo entero, siempre en círculo, y luego se vuelven a encontrar, se tocan y cierran algo —dice, impasible e indiferente—. De eso hablaste con Krisztina aquella última noche. Alrededor de la medianoche llamaste a tu coche para regresar a la ciudad. Esto es lo que ocurrió el día de la cacería —dice, y en su voz resuena la satisfacción propia de las personas mayores que han contado algo con exactitud, que han sabido agrupar sus ideas y pensamientos de una manera clara y concisa.

15

—Cuando te fuiste, Krisztina también se retiró —prosigue—. Yo me quedé solo en el salón. Se había olvidado el libro, el libro inglés sobre el trópico: lo había dejado encima de su silla. No tenía ganas de acostarme todavía, así que abrí el libro y lo hojeé. Miré las ilustraciones y las tablas estadísticas sobre cuestiones económicas, sanitarias y médicas. Me sorprendió que Krisztina leyera un libro así. Ella no tiene nada que ver con esto, pensé, no pueden interesarle las cifras sobre la producción de caucho ni la situación sanitaria de los aborígenes. Todo esto no tiene nada que ver con Krisztina, me dije. Sin embargo, el libro me decía cosas, y no solamente en inglés, y no solamente sobre las condiciones de vida en el trópico. Mientras estaba solo en el salón, con el libro en la mano, después de la medianoche, cuando ya me habían dejado las dos personas con quienes más tenía que ver, después de mi padre, comprendí de repente que el libro también era una señal. Comprendí también otro detalle, aunque de una manera un tanto confusa: las cosas empezaron a hablarme aquel día, ocurrió algo, la vida se dirigió a mí. Así que me dije que convenía prestar atención. Ya que el lenguaje simbólico y peculiar de la vida nos habla de mil maneras distintas en días así, y todo sucede para llamar nuestra atención, cada señal y cada imagen, lo único

137

que falta es comprenderlas. Las cosas maduran y responden de repente. Esto pensé. Y comprendí además, instantáneamente, que incluso el libro era una señal y una respuesta. El libro decía: Krisztina no está contenta aquí, desea irse. Está pensando en mundos lejanos, o sea que desea conocer otros mundos, aparte de éste. Quizás esté deseando huir de aquí, huir de algo o de alguien, y puede que ese alguien sea yo, y puede que seas tú. Está claro como la luz del día, me dije, Krisztina siente algo, sabe algo, quiere irse de aquí, por eso está leyendo libros sobre el trópico. En aquel momento pensé y comprendí o creí comprender muchas cosas. Comprendí y pensé lo que había ocurrido aquel día; que mi vida se había partido en dos, como un paisaje fracturado por un terremoto: a un lado había quedado la infancia, la juventud, tú, con todo lo que la vida pasada significaba, y al otro lado empezaba el espacio poco definido, poco abarcable, que me tocaría recorrer el resto de mi vida. Y las dos partes de mi vida ya no estaban unidas. ¿Qué había ocurrido? No sabía qué responder. Durante todo el día procuré tranquilizarme, disciplinarme, aunque de manera artificial, y lo conseguí: Krisztina no había podido enterarse de nada, al mirarme, pálida, con aquellos ojos suyos, tan suyos e interrogantes. No podía saber, no había podido leer en mi rostro lo ocurrido durante la cacería... ¿Y qué había ocurrido? ¿No estaría imaginando cosas? ¿No habría sido todo fruto de mi imaginación? Si se lo contaba a alguien, seguro que se reía de mí. No tenía ningún dato, ni la menor prueba en la mano... ¿por qué entonces una voz, una voz más fuerte que cualquier prueba, gritaba dentro de mí, de manera inequívoca, irrevocable, indudable, que no me había equivocado, que conocía la verdad? Y la verdad era que mi amigo había intentado matarme de madrugada. Qué acusación más ridícula, más falsa y más vacía, ¿verdad? ¿Le contaría algún día a alguien esta convicción, más evidente que cualquier

138

hecho? No, nunca. También me pregunté qué convivencia me aguardaba, al haberme enterado de todo con certeza y con tranquilidad, como cuando uno se entera de los hechos más simples y sencillos de la vida. ¿Podría mirarte a los ojos o ya todo sería una comedia entre los tres, entre tú, yo y Krisztina, la amistad transformada en teatro y en espionaje? ¿Se podía vivir así? Ya ves: tenía la esperanza de que te hubieras vuelto loco. Quizás ha sido por la música, me dije. Siempre fuiste muy tuyo, diferente, distinto de nosotros, de los demás. Uno no puede ser músico y pariente de Chopin sin consecuencias. También sabía que mis esperanzas eran estúpidas y cobardes: tenía que enfrentarme a la realidad, no podía mentirme a mí mismo, porque tú no estabas loco, no había excusas, no había escapatoria. Tenías tus razones para odiarme, para matarme. Aunque yo no las comprendía. Una explicación natural y sencilla habría sido que te hubiera embargado un deseo repentino, una pasión, un sentimiento irresistible por Krisztina: pero esta suposición me parecía totalmente irreal, carecía de fundamento, no había habido ninguna premonición en la vida común de los tres, así que la rechacé por absurda. Conocía bien a Krisztina, te conocía bien a ti y me conocía bien a mí mismo, o por lo menos eso creía en aquellos momentos. La vida de nosotros tres, el noviazgo y el matrimonio con Krisztina, nuestra amistad, todo me parecía un libro abierto, un mundo limpio, transparente, con situaciones y caracteres inequívocos; estaría yo loco si creyera una cosa así, pensé. Las pasiones, por desatinadas que sean, no se pueden esconder, una pasión que obliga a alguien a levantar un arma contra su mejor amigo, no se puede esconder del mundo durante meses y meses; y yo, el tercero, ciego y sordo, habría vislumbrado algo del asunto: casi vivíamos juntos, cenabas en casa tres o cuatro veces a la semana, tú y yo pasábamos los días juntos, nos veíamos en la ciudad, en el cuartel, en el servicio, lo sabíamos todo el uno del otro. Conocía los días y las noches de Krisztina, conocía su cuerpo y su alma como los míos propios. Habría sido una locura suponer que tú y Krisztina... y al mismo tiempo encarar esta suposición significaba casi un alivio para mí. Tenía que tratarse de otra cosa. Lo que había ocurrido era algo más profundo, más secreto, más incomprensible. Tengo que hablar con él, me dije. Quizás tendría que ordenar que te siguieran. Como el marido celoso de las comedias baratas. No, yo no era un marido celoso. No permitía que la sospecha anidara en mis pensamientos, estaba tranquilo cuando pensaba en Krisztina, a quien había encontrado como un coleccionista encuentra la pieza más rara y más valiosa del mundo, la más perfecta de su colección, una verdadera obra de arte cuya localización y descubrimiento hubiera sido su única meta, el sentido de su vida. Krisztina no me miente, me dije, no me es infiel, conozco todos sus pensamientos, hasta los más secretos, incluso los que se le ocurren durante el sueño. El diario encuadernado en terciopelo amarillo que le regalé al poco de casarnos lo decía todo: acordamos que me contaría y se contaría a sí misma todos sus pensamientos, todos sus sentimientos, todos sus deseos, esos desechos del alma humana de los cuales nadie habla en voz alta, por vergüenza, o porque piensa que se trata de detalles irrelevantes; de todo ello dejaba huellas en aquel diario peculiar, me mandaba mensajes de pocas palabras, para que yo pudiera saber lo que ella había llegado a pensar o a sentir en ciertas situaciones, en presencia de ciertas personas... Nuestra relación tenía este aspecto de total confianza. El diario secreto siempre estaba allí, en el cajón de su escritorio, del que sólo ella y yo teníamos la llave. Aquel diario era lo más confidencial que podía existir entre marido y mujer. Si en la vida de Krisztina hubiera habido algún secreto, el diario me lo habría revelado. Pero claro, me dije, últimamente hemos descuidado ese juego secreto... así que me levanté, crucé la casa a oscuras y llegué al estudio de Krisztina, entré, me acerqué al escritorio, abrí el cajón y busqué el diario encuadernado en terciopelo amarillo. Pero el cajón estaba vacío.

Cierra los ojos, se queda así durante un rato, como un ciego, con el rostro sin expresión. Como si estuviera buscando una palabra.

—Era medianoche pasada, la casa dormía. Krisztina estaba cansada, no quería molestarla. Se habrá llevado el diario al dormitorio, pensé —prosigue con voz amable—. No quería molestarla, ya le preguntaría al día siguiente si tenía algún mensaje para mí en el diario, en aquel correo secreto nuestro. Has de saber que aquel cuaderno lleno de confianza (del que nunca hablábamos, puesto que sentíamos un poco de vergüenza ante tanta confianza mutua) era como una constante declaración de amor entre nosotros. Es difícil hablar de ello. La idea había sido de Krisztina, ella me pidió que se lo regalara, en París, durante nuestra luna de miel, y era ella quien quería confesarse constantemente; más tarde, mucho más tarde, cuando Krisztina ya no vivía, comprendí que quien se prepara con tanto escrúpulo para tales confesiones, para unos actos de total confianza, probablemente sabe ya que algún día habrá algo en su vida que tendrá que confesar. Yo tardé en comprender la importancia de aquel diario, pensaba que se trataba de una exageración típica de mujeres, de una forma de mandar mensajes secretos, escritos, caprichosos mensajes en clave sobre la vida de Krisztina. Me decía que no quería tener secretos, ni conmigo ni consigo, y que apuntaría todo lo que le costara expresar en voz alta. Ya te he dicho que más tarde comprendí que quien busca refugio en la sinceridad teme algo, teme que un día su vida se llene de cosas que no pueda revelar, de verdaderos secretos inconfesables. Krisztina quería entregármelo todo, su cuerpo y su alma, sus sentimientos y sus pensamientos más secretos, todos los mensajes de su sistema nervioso... estábamos en plena luna de miel, Krisztina estaba enamorada; ya sabes cuáles eran sus orígenes, lo que significaba para ella todo lo que yo le había dado: mis apellidos, esta casa, el palacete de París, la vida en sociedad... en fin, cosas que ella ni siquiera se había atrevido a soñar en esta pequeña ciudad, en la casa humilde donde vivía sola, con su padre, un anciano callado y enfermizo que ya sólo vivía de recuerdos, con su instrumento musical y con sus partituras... De repente, la vida se lo da todo, se lo pone todo en bandeja, el matrimonio, un viaje de novios de un año entero, París, Londres, Roma, Oriente, meses enteros en un oasis, en el mar. Krisztina, naturalmente, creía estar enamorada. Más tarde me di cuenta de que no era amor ni siquiera al principio, de que sólo era gratitud.

Enlaza las manos, apoya los codos en las rodillas, se inclina hacia delante, continúa:

—Sentía gratitud, una infinita gratitud, a su manera, a la manera de una recién casada que se ha ido de luna de miel con su esposo, un joven rico y apuesto. —Aprieta las manos enlazadas, mira los dibujos de la alfombra, con entrega y atención—. Quería expresarme su gratitud a toda costa, por eso inventó lo del diario, un regalo muy peculiar. Porque el diario siempre estaba lleno de cosas que me sorprendían, desde el primer día. Krisztina no me idolatraba en absoluto en su diario, y sus confesiones eran a veces tan sinceras que me inquietaban. Me describía según me veía, con pocas palabras, pero muy acertadas. Describía lo que no le gustaba de mí, mi manera de acercarme a la gente, a cualquier persona del mundo, mi excesiva seguridad: no hallaba en mí humildad, el máximo valor para su alma cristiana. Era verdad, durante aquellos años yo no tenía ni pizca de humildad. El mundo me pertenecía: acababa de conocer a mi mujer y acogía con perfecto eco sus palabras y los mensajes de su cuerpo y de su alma; era rico, poseía un elevado rango, la vida se me presentaba en todo su esplendor, tenía treinta años, amaba la vida, el servicio, mi carrera. Ahora que miro atrás, yo mismo me siento un tanto asqueado de una seguridad y una felicidad tan autocomplacientes y egoístas. Como todas las personas que viven mimadas por los dioses sin ninguna razón, también sentía una especie de angustia en el fondo de tanta felicidad. Todo era demasiado hermoso, demasiado redondo, demasiado perfecto. Uno siempre teme tanta felicidad ordenada. Me habría gustado, entonces, en plena luna de miel, ofrecer algún sacrificio a la vida: no me habría importado si el correo de casa, que recogía en los diferentes puertos, me hubiera traído noticias desagradables, materiales o sociales, no me habría importado enterarme de que esta mansión se había quemado, de que había perdido dinero, no me habría importado si mi banquero, el administrador de mi fortuna, me hubiera enviado malas noticias, o algo parecido... Ya sabes, uno siempre quisiera devolver algo a los dioses, una parte de su felicidad. Porque los dioses son, como se sabe, envidiosos, y cuando dan un año de felicidad a un simple mortal, lo apuntan como una deuda, y al final de su vida se la reclaman, con intereses de usurero. A mi alrededor, todo transcurría sin fallo alguno, todo era perfecto. Krisztina escribía en su diario mensajes de pocas palabras, como si se dirigiera a él en sueños. Unas veces escribía una frase, otras una sola palabra. Cosas como por ejemplo: «No tienes solución porque eres vanidoso.» Luego estaba semanas sin escribir nada. O escribía que había visto a un hombre en Argel, que el hombre la había seguido por un callejón estrecho, que le había hablado y que ella había tenido la sensación de que se habría ido con él. Krisztina era una mujer curiosa y activa, pensaba yo. Pero me sentía feliz y aquellos

143

peculiares destellos de sinceridad, un tanto inquietantes, no alteraban mi dicha. Nunca se me ocurrió pensar que quien se propone contárselo todo al otro, a lo mejor habla con sinceridad incondicional para no tener que decir absolutamente nada sobre aquello que de verdad le importa. Nunca se me ocurrió pensarlo, ni durante la luna de miel, ni después, al leer los pasajes del diario. Pero llegaron aquel día y aquella noche, el día de la cacería, y pasé el día entero con la sensación de que tu arma se había disparado, de que un proyectil inesperado había pasado silbando junto a mi cabeza. Allí estaba yo, a las tantas de la noche; tú te habías ido después de repasar detalladamente con Krisztina todos los pormenores sobre el trópico; y yo me quedé a solas, con los recuerdos de aquel día, de aquella noche. Y no encontré el diario en su sitio habitual, en el cajón del escritorio de Krisztina. A la mañana siguiente decidí ir a la ciudad para verte y preguntarte unas cuantas cosas sobre...

Se calla. Cabecea en sentido negativo, como una persona mayor que se sorprende por algo que hace un niño.

—Preguntarte... ¿qué? —dice en voz baja, con desprecio, como si se estuviera burlando de sí mismo—. ¿Qué se puede preguntar con palabras? ¿Qué valor tienen las respuestas que se dan con palabras y no con la veracidad de la vida humana?... Muy poco —dice, totalmente convencido—. Son muy pocas las personas cuyas palabras concuerdan con su existencia. Cuando eso sucede, se produce una de las maravillas más raras de la vida. Yo, en aquella época, todavía no sabía esto. No me estoy refiriendo a los embusteros. Quiero decir que la gente acaba aprendiendo la verdad, adquiere experiencias, pero todo ello no sirve de nada, puesto que nadie puede cambiar de carácter. Quizás no se pueda hacer nada más que esto en la vida: adaptar a la realidad, con inteligencia y con atención, esa otra realidad irrevocable, el carácter personal. Esto es lo único que podemos hacer. Y sin embargo, así tampoco seremos más sabios, ni estaremos más resguardados frente a las adversidades... Decidí pues buscarte, para hablar contigo, sin caer en la cuenta de que te preguntara lo que te preguntase y me respondieras lo que me respondieses, los hechos no cambiarían. Sin embargo, se pueden conocer los hechos a través de las palabras, acercarse a la realidad mediante preguntas y respuestas, y decidí hablar contigo por eso. Dormí profundamente; estaba muy cansado. Como si hubiera pasado una prueba física especialmente dura, como si hubiera montado a caballo o caminado durante muchas horas... Una vez bajé a cuestas un oso desde las cumbres nevadas, pesaba por lo menos doscientos cincuenta kilos: sé que mi fuerza era excepcional por aquellos años, pero todavía sigo sin entender cómo pude cargar con aquel peso, caminando por senderos estrechos y empinados y bordeando precipicios. Era como si el hombre fuera capaz de todo, mientras su vida tuviera un sentido. Aquella vez, después de haber bajado el oso, caí agotado en la nieve del valle y me quedé dormido: me encontraron mis monteros, medio congelado, al lado del oso muerto. Y resulta que aquella otra noche dormí de la misma manera. Profundamente, sin soñar; al despertar mandé preparar el coche y fui a la ciudad, a tu casa. Allí me enteré de que te habías ido. La carta que mandaste al regimiento la recibimos al día siguiente, una carta en que comunicabas que ponías tu destino a disposición de tus superiores y que te marchabas al extranjero. Al principio sólo fui consciente del hecho de que huías y así se me confirmó que habías querido matarme, que había ocurrido algo, que estaba ocurriendo algo que yo no entendía en aquel momento; pero sabía con certeza que aquel algo tenía que ver conmigo, íntima y fatalmente, y que todo lo que ocurría no solamente te ocurría a ti, sino también a mí. Allí estaba, en tu casa, en

145

aquella habitación llena de objetos secretos, embriagadores, extravagantes, y de repente se abrió la puerta y entró Krisztina.

Habla como un narrador amable y cordial; como si estuviera relatando los detalles más interesantes de una antigua historia repleta de anécdotas, para entretener al amigo llegado del extranjero, de un tiempo y un espacio lejanos.

Konrád lo escucha sin moverse. Deja el puro apagado en el borde de la bandeja de cristal, cruza los brazos y se queda así, inmóvil, en postura rígida y correcta, como un militar que tiene una conversación amistosa con un superior.

—Entró y se detuvo en la puerta —dice el general—. Venía de casa, sin sombrero, ella misma había conducido el calesín. «¿Se ha ido?», preguntó. Su voz parecía rara, como si estuviera ronca. Le dije por señas que sí, que te habías marchado. Krisztina se quedó allí, inmóvil en la puerta, y creo que nunca la había visto tan bella como en aquel momento. Su rostro estaba muy pálido, como el de los heridos que han perdido mucha sangre, sólo sus ojos brillaban febriles, como la noche anterior, cuando entré y ella estaba leyendo aquel libro sobre el trópico. «Ha huido», dijo después, sin esperar ninguna réplica, para sí, como afirmándolo y constatándolo. «Era un cobarde», añadió con indiferencia.

—¿Eso dijo? —pregunta el invitado, y se mueve: modifica su postura de estatua y carraspea.

—Sí —dice el general—. No dijo nada más. Yo tampoco le pregunté. Nos quedamos allí, de pie, sin decir palabra. Después, Krisztina miró a su alrededor, observó los muebles uno por uno, las pinturas, las obras de arte. Yo estaba pendiente de aquellas miradas. Miraba las cosas como si estuviera despidiéndose de ellas. Las miraba como quien las conoce y se despide de ellas. Ya sabes, se puede mirar una habitación llena de cosas de dos maneras: como cuando la ves por primera vez y la quieres conocer, y como cuando te despides de ella. La mirada de Krisztina no tenía nada de la curiosidad de la primera vez. Su mirada repasaba la habitación con tranquilidad, con conocimiento, como si contemplara su propia casa, donde sabía el sitio de cada cosa. Sus ojos brillaban febriles, como si estuviera enferma, y al mismo tiempo estaban extrañamente nublados. Hacía gala de un extraño dominio y no decía nada, pero a mí me daba la sensación de que había rebasado sus propios límites, los límites seguros de su vida, y que estaba próxima a perderse, a perderte y a perderme. Habría bastado la menor mirada, un gesto inesperado, para que Krisztina hiciera o dijese algo irremediable... Miraba los cuadros, con tranquilidad, sin ningún interés, como cuando se mira algo que se ha visto muchas veces, algo que se conoce, y lo miraba para despedirse. Miró el sofá cama con expresión miope, parpadeando con altivez, y durante un segundo entornó los ojos. Luego dio media vuelta y se fue como había llegado, sin decir palabra. No la seguí. Vi por la ventana abierta que cruzaba el jardín. Pasó al lado de los rosales, las rosas estaban en flor. Subió al calesín que la aguardaba junto a la verja, tomó las riendas y se fue. El coche desapareció en un instante por el fondo de la calle.

Se calla y mira a su invitado.

—¿No te estoy cansando? —pregunta con cortesía.

—No —responde Konrád, carraspeando—. En absoluto. Sigue contando.

—Quizás lo estoy contando con demasiados detalles —dice para disculparse—. Pero no se puede hacer de otra manera: sólo a través de los detalles podemos comprender lo esencial, así lo he experimentado yo, en los libros y en la vida. Es preciso conocer todos los detalles, porque nunca sabemos cuál puede ser importante, ni cuándo una palabra puede esclarecer un hecho. Hay que mantener un orden en todo. Aunque ahora yo ya no tengo muchas cosas que contar. Tú habías huido, Krisztina se fue a casa en el calesín. Y yo... ¿qué podía hacer yo en aquel momento y en cualquier momento futuro?... Miré la habitación, miré el lugar por donde Krisztina se acababa de ir. Sabía que en la entrada, al otro lado de la puerta, se encontraba tu ordenanza, firme. Lo llamé por su nombre, entró enseguida y saludó al estilo militar. «¡A sus órdenes!», dijo. «¿Cuándo se ha ido el capitán?...» «En el expreso de la mañana. El que va a la capital.» «¿Se ha llevado mucho equipaje?...» «Sólo algunos trajes de paisano.» «¿Ha dejado alguna orden, algún mensaje?...» «Sí. Que hay que liquidar esta casa. Y vender los muebles. Se lo ha encargado a su abogado. Yo tengo que regresar al cuartel», dijo. Sólo dijo aquello. Nos miramos. Y entonces ocurrió algo que es difícil olvidar: el ordenanza, un muchacho de veinte años, llegado del campo (seguramente te acuerdas de su rostro bienintencionado, inteligente y humano), abandonó la postura de firme, la postura de servicio, ya no me miraba directamente a los ojos, ya no era el soldado que estaba delante de un superior, sólo un hombre que sabía algo delante de otro hombre que le inspiraba lástima. Había algo en su mirada, algo humano, una ligera expresión de lástima que me hizo palidecer y a continuación ponerme totalmente colorado... En aquel momento, por primera y última vez en toda aquella historia, perdí la cabeza yo también. Me acerqué a él, lo así por el uniforme, a la altura del pecho, con tanta brusquedad que casi lo levanté del suelo. Estábamos tan cerca que se confundían nuestros alientos. Nos miramos fijamente a los ojos, su mirada reflejaba miedo y lástima otra vez. Ya sabes que en aquella época no era en absoluto aconsejable que yo pusiera las manos encima de nada ni de nadie, ya sabes que rompía todo lo que no tocara con mucho cuidado... Como yo también lo sabía, en aquel momento intuí que los dos nos encontrábamos en peligro, el muchacho y yo. Así que lo solté, lo dejé caer al suelo, como si fuera un soldadito de plomo; sus botas hicieron un ruido seco al chocar con la madera del suelo, y se puso firme otra vez, como si estuviera en un desfile militar. Saqué el pañuelo del bolsillo, para secarme la frente. Bastaría con que el joven me respondiera a una sola pregunta. La pregunta era: «La señora que acaba de irse, ¿ha venido ya en otras ocasiones?...» Si no me respondía, pensaba matarlo. Quizás lo matara también, aunque respondiese, y a lo mejor no era el único... en momentos así no existe la amistad. También sabía que no sirve de nada preguntar. Sabía que Krisztina había estado allí antes, y no una vez, sino muchas.

Se recuesta, deja caer las manos en los brazos del sillón, para descansar.

—En aquel momento ya no tenía sentido preguntar nada —añade, para concluir la historia—. Lo que faltaba por saber no me lo podía decir aquel joven, aquel extraño. Faltaba por saber por qué había ocurrido todo. Y dónde estaba el límite entre dos seres humanos. Dónde estaba el límite de la traición. Esto era lo que faltaba por saber. Y también qué culpa tenía yo en todo aquello...

Lo dice en voz muy baja, interrogativo e indeciso. Se aprecia por su tono que es la primera vez que pronuncia en voz alta la pregunta que late en su alma desde hace cuarenta y un años, y a la que todavía no ha encontrado respuesta.

16

—Porque en la vida de un hombre no solamente ocurren las cosas —dice ahora con mayor decisión, levantando la cabeza. Las velas arden con llamas largas, el humo se eleva, las mechas se han ennegrecido. El paisaje y la ciudad siguen a oscuras al otro lado de las ventanas; no se ve ninguna luz, ni el menor destello en la noche—. Uno también construye lo que le ocurre. Lo construye, lo invoca, no deja escapar lo que le tiene que ocurrir. Así es el hombre. Obra así incluso sabiendo o sintiendo desde el principio, desde el primer instante, que lo que hace es algo fatal. Es como si se mantuviera unido a su destino, como si se llamaran y se crearan mutuamente. No es verdad que la fatalidad llegue ciega a nuestra vida, no. La fatalidad entra por la puerta que nosotros mismos hemos abierto, invitándola a pasar. No existe ningún ser humano lo bastante fuerte e inteligente para evitar mediante palabras o acciones el destino fatal que le deparan las leyes inevitables de su propia naturaleza y carácter. ¿Es completamente cierto que yo no supiera nada de lo tuyo con Krisztina?... Quiero decir, mientras ocurrían las cosas, incluso antes, al principio de la historia de nosotros tres... Al fin y al cabo, me la habías presentado tú. Ella te conocía de la infancia, pues tú encargabas a su padre que te pusiera en limpio tus partituras; a aquel anciano cuyas

manos medio paralíticas todavía le servían para copiar partituras, pero ya no para empuñar el violín y el arco, ni para
tocar música y arrancarle notas limpias y nobles; así que
tuvo que abandonar su carrera muy pronto, dejar las salas de
concierto, y contentarse con la enseñanza de niños con callos en los oídos o falsos prodigios en el conservatorio de
esta pequeña ciudad, y con los humildes complementos que
le proporcionaba corregir y copiar piezas musicales de afi-
cionados con algún talento... Así conociste al padre de
Krisztina y a Krisztina, que tenía dieciséis años entonces.
La madre había muerto en el sur del Tirol, de donde era y
donde se había refugiado, en los últimos años, para repo-
nerse en un sanatorio de sus afecciones coronarias. Más tarde, al final de nuestra luna de miel, fui con Krisztina a aquel
balneario, buscamos el sanatorio y Krisztina quiso ver la
habitación donde había muerto su madre. Pasamos por las
orillas del lago Garda, perfumadas por las flores y los naran-
jos, nos alojamos en Riva, y llegamos a Arco por la tarde, en
automóvil. El paisaje es allí gris y plateado, del color de los
olivos, y en lo alto se ve un palacete, escondido entre las rocas, en un ambiente vaporoso y cálido: el sanatorio de los
enfermos del corazón. El jardín está lleno de palmeras de
todo tipo, y las luces son tenues, suaves, todo es húmedo,
perfumado y cálido, como en un invernadero. En el silencio
infinito, el edificio amarillo claro donde la madre de Krisztina vivió sus últimos años y donde murió, parecía tan misterioso como si encerrara toda la tristeza que enferma a los
corazones humanos, como si el dolor de los corazones fuera
en Arco una actividad silenciosa, una consecuencia de los
desengaños y de los accidentes incomprensibles de la vida.
Krisztina dio una vuelta alrededor de la casa. El silencio, el
perfume de las plantas mediterráneas, llenas de espinas, el
vapor cálido y oloroso que lo envuelve todo, como las vendas
envuelven los corazones de los enfermos, todo esto me toca

muy de cerca a mí también. Por primera vez siento que Krisztina no está del todo conmigo, y oigo una voz desde lejos, desde muy lejos, desde el principio de los tiempos, la voz triste e inteligente de mi padre. Mi padre habla de ti, Konrád —el general pronuncia el nombre del invitado por primera vez, sin ira, sin pasión, en un tono neutral, cortés—, y me dice que tú no eres un soldado de verdad, que eres una persona diferente. Yo no comprendo, todavía no sé lo que significa ser diferente... Mucho tiempo y muchas horas solitarias me enseñan, más tarde, que se trata de esto, exactamente de esto, siempre, que todo depende de esto, las relaciones entre hombre y mujer, las amistades, las relaciones sociales y mundanas, todo depende de esto, de las diferencias que dividen a la humanidad en dos. A veces pienso que sólo existen dos grupos en el mundo, con todas las variantes de su peculiaridad: las diferencias de clase social, de ideología, de grados de poder, todo se resume en esta peculiaridad. Y de la misma forma que sólo las personas del mismo grupo sanguíneo pueden ayudarse en los momentos de peligro, al donar su sangre a alguien que pertenece al mismo grupo, el alma humana sólo puede ayudar a otra alma humana si no es distinta, si sus puntos de vista, sus convicciones y su realidad secreta son parecidos... Allí, en Arco, yo sentí que la fiesta se terminaba, que Krisztina también era «diferente». Me acordé de las palabras de mi padre, que nunca había sido aficionado a la lectura, pero que había aprendido a conocer la verdad en la soledad y las experiencias vitales: él también conocía esta peculiaridad, sí, él también había encontrado a una mujer a quien amaba, y a cuyo lado se sentía completamente solo, porque eran dos personas distintas, de distinto temperamento, de distinto ritmo vital, porque mi madre también era «diferente», como tú, como Krisztina... En Arco me di cuenta de otra cosa más. El sentimiento que me unía a mi madre, a ti y a

Krisztina, era el mismo: la misma nostalgia, la misma esperanza, la misma voluntad impotente y triste. Porque siempre amamos y buscamos a la persona diferente, en todas las situaciones y en todas las variantes de la vida... ¿lo sabes? El secreto y el regalo mayores de la vida es cuando se encuentran dos personas «semejantes». Esto ocurre raras veces, como si la naturaleza impidiese tal armonía mediante todas sus fuerzas y tretas, quizás porque para la creación del mundo y la renovación de la vida es necesaria la tensión que se forma entre las personas que no cesan de buscarse, pero que tienen intenciones contrarias y distintos ritmos vitales. Ya sabes, como la corriente alterna... lo mires por donde lo mires, el intercambio de fuerzas positivas y negativas. ¡Cuánta desesperanza, cuánta esperanza ciega se esconde detrás de tales diferencias! Sí, yo escuchaba la voz de mi padre en Arco, y comprendí que su destino continúa en mí, que yo represento el mismo carácter y los mismos gustos que él tenía; comprendí que mi madre, tú y Krisztina estáis en la otra orilla, y que aunque todos tengáis vuestros papeles respectivos, la madre, el amigo, la amante esposa, todos desempeñáis un mismo papel en mi vida. Estáis en la otra orilla, sí, en la orilla donde no me es posible llegar... Puedes tenerlo todo en la vida, puedes vencerlo todo a tu alrededor y en el mundo, todo te lo puede dar la vida y todo se lo puedes arrebatar, pero nunca podrás cambiar los gustos, las inclinaciones, los ritmos vitales de una persona en concreto, esa peculiaridad, esa cualidad de ser propia y distinta que caracteriza a la persona que te importa, a la persona con quien tienes que ver. Esto sentí yo en Arco, por primera vez en mi vida, mientras Krisztina daba una vuelta por la casa donde había muerto su madre.

Se echa hacia atrás en el sillón, apoya la cabeza en la mano, con un movimiento impotente y resignado, como quien acaba de comprender algo, como quien acaba de comprender que no se puede hacer nada contra las leyes del carácter humano, nunca.

—Después, desde Arco, regresamos a casa, y empezamos nuestra vida aquí —dice—. El resto ya lo sabes. A Krisztina me la presentaste tú. Nunca me dijiste, ni con una palabra, que Krisztina te interesase. Yo interpretaba ese encuentro, el encuentro entre ella y yo, como algo inequívoco, como ningún otro encuentro anterior. Era una mezcla de distintas razas: un poco alemana, un poco italiana y el resto húngara. Quizás haya tenido también alguna gota de sangre polaca, por el lado de la familia de su padre... Era tan indefinible, tan inclasificable... como si ninguna raza ni ninguna clase la pudiera contener del todo, como si la naturaleza hubiese tratado por una vez de crear algo único, un ser independiente y libre, alguien que no tiene que ver con clases ni con orígenes. Era como las fieras salvajes: una educación estricta con las monjas, la cultura y la ternura de su padre habían contribuido tan sólo a suavizar sus modales. Krisztina era salvaje por dentro, indomable: todo lo que yo podía darle, la riqueza, el rango social, el mundo adonde la conducía no tenían ningún valor para ella en el fondo; y ella no quería entregar a cambio ni una mínima parte de su afán de independencia y de libertad, puesto que ése era el verdadero contenido de su ser y de su carácter... Su orgullo también era distinto del de las personas orgullosas de su rango, de su origen, de su riqueza, de su posición social o de algún talento personal y particular. Krisztina estaba orgullosa de la calidad noble y salvaje de su corazón y de su alma, de esa herencia que era como un veneno. Era una persona soberana, totalmente independiente y emancipada en su fuero íntimo, y tú lo sabes muy bien; y éstas son cualidades muy raras hoy en día, tanto en mujeres como en hombres. Parece que no se trata de una cuestión de origen o de situación. No se dejaba ofender, ni se dejaba atemorizar por ningún desa-

155

fío; no toleraba las limitaciones, en ningún sentido. Sabía otra cosa más que pocas mujeres saben: era consciente de la responsabilidad que conllevaban sus propios valores humanos. Te acordarás... sí, seguramente te acuerdas de la primera vez que nos encontramos ella y yo: en el salón de su casa, junto a aquella mesa grande, desbordada por las partituras y los cuadernos de su padre; entró Krisztina y aquel salón oscuro se inundó de luz. No solamente irradiaba juventud, no. Irradiaba pasión y orgullo, la conciencia soberana de unos sentimientos incondicionales. No he conocido a ninguna otra persona que fuera capaz de responder así, de una manera tan plena, a todo lo que el mundo y la vida le daban: a la música, a un paseo matutino por el bosque, al color y al perfume de una flor, a la palabra justa y sabia de otra persona. Nadie sabía tocar como ella una tela exquisita o un animal, de esa manera suya que lo abarcaba todo. No he conocido a nadie que fuera capaz de alegrarse como ella de las cosas sencillas de la vida: personas y animales, estrellas y libros, todo le interesaba, y su interés no se basaba en la altivez, en la pretensión de convertirse en experta, sino que se aproximaba a todo lo que la vida le daba con la alegría incondicional de una criatura que ha nacido al mundo para disfrutarlo todo. Como si estuviera en conexión íntima con cada criatura, con cada fenómeno del universo, ¿comprendes lo que quiero decir?... Claro, seguramente lo comprendes. Era directa, espontánea y ecuánime, y también había en ella humildad, como si sintiera constantemente que la vida es un regalo lleno de gracia. Todavía veo su rostro a veces —dice con emoción—, aunque en esta casa ya no hay retratos de ella, ni siquiera una fotografía, y aquel cuadro grande que pintó un artista austriaco, y que estaba colgado entre los retratos de mi padre y de mi madre, hace mucho que lo quitaron de su sitio. No hay en esta casa ningún retrato de Krisztina, no —dice con firmeza, casi satisfecho, como si estuviera relatando una pequeña hazaña—. Pero a veces veo su rostro, en sueños, o al entrar en una habitación. Y ahora que estamos hablando de ella, nosotros dos que la conocimos tan bien, veo su rostro con absoluta nitidez, como hace cuarenta y un años, la última noche que estuvo sentada entre nosotros. Porque ésa fue la última noche que cenamos juntos, Krisztina y yo: y eso tienes que saberlo. No solamente tú cenaste con ella por última vez, sino que yo también. Porque todo había ocurrido ya entre nosotros tres aquel día, de la manera que tenía que ocurrir. Como los dos conocíamos bien a Krisztina, fue inevitable tomar ciertas decisiones: tú te marchaste al trópico, y Krisztina y yo no volvimos a dirigirnos la palabra. Vivió ocho años más, sí. Vivíamos aquí, en la misma casa, pero nunca jamás nos volvimos a hablar —añade tranquilamente.

Mira el fuego.

—Así éramos, por temperamento —prosigue—. Poco a poco comprendí una parte de lo que había ocurrido. Por un lado estaba la música. Hay ciertos elementos fatales en la vida de las personas que vuelven una y otra vez, como la música. Entre mi madre, Krisztina y tú, estaba la música como aglutinante. Probablemente la música os decía algo, algo imposible de expresar con palabras o con acciones, y probablemente os decíais algo con la música, y ese algo que la música expresaba para vosotros de manera absoluta, nosotros, los diferentes, mi padre y yo, no lo comprendíamos. Por eso nos sentíamos unos solitarios entre vosotros. A ti te hablaba la música y a Krisztina también, y así hablabais entre vosotros dos, incluso cuando entre Krisztina y yo ya se había extinguido toda clase de conversación. Odio la música —dice con voz más elevada y ronca: la primera vez en toda la noche que sus palabras delatan una emoción—. Odio ese lenguaje armonioso, incomprensible para mí, que

157

ciertas personas utilizan para charlar, para decirse cosas inefables que no responden a regla alguna, ni a ninguna ley: sí, a veces pienso que todo lo que se expresa a través de la música es maleducado e inmoral. Cómo se transforman los rostros cuando están escuchando música. Krisztina y tú no perseguíais la música, no recuerdo que tocarais juntos, a cuatro manos, y nunca tocaste nada para Krisztina al piano, por lo menos en mi presencia. Parece que el pudor y el tacto impidieron que Krisztina escuchara música junto a ti en mi presencia. Y como la música no tiene ningún significado que se pueda expresar con palabras, probablemente tenga algún otro significado, más peligroso, puesto que puede hacer que las personas se comprendan, las que se pertenecen no sólo por sus gustos musicales, sino también por su estirpe y su destino. ¿No crees?

—Sí que lo creo —responde el invitado.

—Eso me tranquiliza —dice en tono educado—. El padre de Krisztina también lo creía así, y él entendía de música. Él fue la única persona con quien hablé una vez, una sola vez, de todo esto, de la música, de ti y de Krisztina. Era ya muy viejo por aquel entonces, murió poco tiempo después de nuestra conversación. Yo acababa de volver de la guerra. Krisztina había muerto diez años antes. Habían muerto o desaparecido todas las personas que de verdad me importaban: mi padre, mi madre, tú y Krisztina. Sólo vivían los dos viejos: la nodriza Nini y el padre de Krisztina, con esa indiferencia y esa fuerza que caracterizan a los viejos, con esa determinación incomprensible... con que nosotros estamos viviendo ahora. Habían muerto todos y yo no era ya joven, estaba cerca de los cincuenta, y era tan solitario como ese árbol, en medio del prado, ese que se quedó solo cuando la tormenta acabó con la mitad del bosque, el día antes de estallar la guerra. Sólo quedó en pie ese árbol, en medio del prado, cerca de la casa del bosque. De esto hace ya un cuarto de siglo y desde entonces ha crecido otro bosque en los alrededores. Pero ese árbol es de los de antes, y una pasión que se llama tormenta en la naturaleza acabó con todo a su alrededor, con todo lo que le pertenecía. Ya ves, pese a todo, el árbol sigue vivo, hasta hoy, con una fuerza inmensa, irracional. ¿Por qué, para qué?... Para nada. Quiere seguir viviendo. Se diría que la vida, todo lo vivo, no tiene más razón de ser que seguir viviendo mientras puede, e ir renovándose siempre, de manera continua. Así que al volver de la guerra tuve una conversación con el padre de Krisztina. ¿Qué sabía él de nosotros tres? Lo sabía todo. Y yo se lo conté todo, sólo a él, todo lo que valía la pena de contarse. Estábamos sentados en el salón, a oscuras, entre muebles viejos e instrumentos de música antiguos; los estantes, los armarios, todo estaba lleno de partituras; la música dulce, apresada en las notas, la música estridente y chillona, impresa en los cuadernos, toda una parte de la historia de la música se hallaba presente, escrita en las partituras, en aquella sala donde todo olía a viejo, como si la vida humana allí transcurrida careciera ya de contenido... El viejo me escuchó y sólo me hizo la siguiente reflexión: «¿Y qué quieres? Has sobrevivido.» Lo dijo como si se tratara de una sentencia. También como una acusación. Miraba delante de sí, con sus ojos miopes, hacia las sombras: era ya muy mayor, había pasado de los ochenta. Entonces comprendí que quien sobrevive a algo no tiene derecho a levantar ninguna acusación. Quien sobrevive ha ganado su propio juicio, no tiene ningún derecho ni ninguna razón para levantar acusación alguna: ha sido el más fuerte, el más astuto, el más agresivo. Como nosotros dos —dice sin más.

Se miran, se escrutan.

—Después murió él también, el padre de Krisztina —prosigue—. Solamente quedabais la nodriza y tú, en algún lugar del mundo, esta mansión y este bosque. Y yo, que he sobrevivido incluso a la guerra —repite con satisfacción—. No buscaba la muerte, no iba a su encuentro: ésa es la verdad, no tiene sentido que te diga otra cosa. Parece que todavía me quedaba algo por hacer —añade abstraído—. La gente moría a mi alrededor, he visto todas las facetas de la muerte, a veces observaba admirado las muchas formas que adopta la destrucción, porque la muerte también tiene mucha imaginación, al igual que la vida. Diez millones de personas murieron en la guerra, según los cálculos. Se había incendiado el mundo, y ardía con tantas llamas y tanto humo que uno pensaba a veces que allí arderían todas las dudas personales, todos los problemas, todas las pasiones... Pero no fue así. Yo sabía, incluso en medio de las mayores miserias humanas, que todavía tenía algo personal que hacer, y por eso no fui ni cobarde ni valiente, en el sentido más banal de estas dos palabras, sino que me mantuve sereno, en medio de los ataques y de las batallas, porque sabía que no me podía ocurrir nada. Y un día regresé de la guerra y me dispuse a esperar. El tiempo pasó, el mundo volvió a incendiarse... Pero sé que se trata del mismo fuego, que ahora arde con más frenesí que antes... Y en mi alma sigue ardiendo la misma pregunta, una pregunta que no han podido apagar ni el tiempo transcurrido ni las cenizas de dos guerras. Ahora el mundo está ardiendo otra vez, mueren millones de personas, y tú has encontrado el camino, en medio de este mundo enloquecido, para regresar desde la otra orilla, para dar fin a los asuntos que desde hace cuarenta y un años estaban sin terminar. Así de poderosa es la naturaleza humana: uno no puede vivir de otra manera, tiene que hallar dentro de sí y obtener de los demás la respuesta a la pregunta que reconoce como la auténtica y verdadera pregunta de su vida. Por eso has regresado y por eso te he esperado. Quizás el mundo se acabe —dice en voz baja, señalando a su alrededor—. Quizás las luces del mundo se apaguen, como esta noche se han apagado en la ciudad; quizás ocurra una catástrofe natural, mayor aún que una guerra, quizás haya madurado algo en el alma de los seres humanos, en el mundo entero, y se esté ya discutiendo y arreglando, a sangre y fuego, todo lo que hay que discutir y que arreglar. Hay muchas señales que así lo indican. Es posible que sea así... —dice, como constatándolo—. Es posible que la forma de vida que nosotros hemos conocido, en la cual hemos nacido, es posible que esta casa, esta cena, sí, incluso estas palabras con las que esta noche estamos esclareciendo la pregunta de nuestra vida, es posible que todo esto sea ya cosa del pasado. Existe demasiada tensión en los corazones humanos, demasiada pasión, demasiado deseo de venganza. Miremos dentro de nuestros corazones: ¿qué es lo que encontramos? Pasiones que el tiempo sólo ha conseguido atenuar, pero no apagar. ¿Con qué derecho esperamos algo distinto del mundo, de los demás? Nosotros dos, sabios y viejos, ya al final de nuestra vida, también deseamos la venganza... ¿la venganza contra quién? Del uno contra el otro, o de los dos contra el recuerdo de alguien que ya no existe. Qué pasiones más estúpidas. Y sin embargo, están vivas en nuestros corazones. ¿Con qué derecho esperamos, pues, otra cosa que un mundo lleno de inconsciencia, de deseos, de pasiones y de agresividad, donde unos jóvenes afilan sus cuchillos contra jóvenes de otras naciones, donde unos desconocidos despellejan a otros desconocidos, donde ya no es válido nada de lo que antes importaba, donde solamente arden las pasiones, y sus llamas se elevan hasta el cielo?... Sí, la venganza. Yo regresé de la guerra, donde habría tenido ocasión de perecer, y no perecí porque anhelaba la venganza. ¿Cómo?, preguntarás. ¿Qué venganza?... Veo en tu expresión que no entiendes este afán mío de venganza. ¿Qué venganza puede haber entre dos viejos a quienes ya sólo les espera la muerte?... Han muerto todos, ¿qué sentido tiene entonces la venganza?... Esto es lo que pregunta tu mirada. Y yo te respondo y te respondo así: sí, la venganza, contra todo y contra todos. Esto es lo que me ha mantenido con vida, en la paz y en la guerra, durante los últimos cuarenta y un años, y por eso no me he matado, y por eso no me han matado, y por eso no he matado a nadie, gracias a la vida. Y ahora la venganza ha llegado, como yo quería. La venganza se resume en esto: en que hayas venido a mi casa; a través de un mundo que está en guerra, a través de unos mares llenos de minas has venido hasta aquí, al escenario del crimen, para que me respondas, para que los dos conozcamos la verdad. Ésta es la venganza. Y ahora me vas a responder.

Estas últimas palabras las ha dicho en voz baja y el invitado se inclina hacia delante, para escucharlas bien.

—Puede ser —dice—. Puede que tengas razón. Pregúntame. Quizás sepa responderte.

La luz de las velas tiembla sin fuerza; en el jardín, entre los árboles, corre la brisa del alba. El salón está casi a oscuras.

17

—Me vas a responder a dos preguntas —dice el general, inclinándose también hacia delante: habla casi entre susurros,
de una manera confidencial—. A dos preguntas que tengo
planteadas desde hace décadas, desde que te espero. A dos
preguntas a las que solamente tú puedes responder. Ya veo
que crees que quiero preguntarte si aquella mañana, en la
cacería, tuviste de verdad intención de matarme, o si sólo
fue imaginación mía. Al fin y al cabo, no ocurrió nada.
Incluso el instinto del mejor de los cazadores puede fallar.
Veo que también crees que la otra pregunta sonaría así:
¿fuiste amante de Krisztina? ¿Me has engañado tú y me ha
engañado ella, en el sentido más real, vulgar y miserable de
la palabra? Pues no, amigo mío, estas dos preguntas ya no
me interesan. A estas dos preguntas ya has respondido, ha
respondido el tiempo y ha respondido Krisztina también,
a su manera. Todo el mundo ha respondido ya a estas preguntas; tú al huir de la ciudad al día siguiente de la cacería, al
huir de nosotros, del ejército, traicionando la bandera, como
se decía antes, cuando la gente todavía creía en el verdadero
significado de las palabras. No te formulo esta pregunta, porque sé con absoluta seguridad que aquella mañana tu intención fue matarme. No te lo digo como una acusación, más
bien me das pena. Debe de ser terrible el momento en que,

en la vida de un hombre, se presenta la tentación, en que
este hombre levanta su arma para matar al otro, a alguien
con quien tiene que ver, a alguien a quien está atado íntimamente, y a quien por alguna razón tiene que matar. Porque eso fue lo que te ocurrió en aquel instante. ¿No lo
niegas?... ¿Callas?... No distingo tu rostro entre las sombras... pero ya no tiene sentido pedir más velas: ahora que
ya ha llegado el momento, el momento de la venganza, nos
conocemos y nos comprendemos hasta en las sombras.
Terminemos, pues, cuanto antes. Nunca, ni por un segundo, dudé, durante las pasadas décadas, de que tu intención
fuera matarme, y nunca dejé de compadecerte por ello. Sé
exactamente lo que sentiste, como si yo hubiera vivido y
sentido por ti aquella situación, aquel instante de terrible
tentación. Fue un momento de delirio, el momento del
alba, cuando las fuerzas del reino inferior son todavía pode-
rosas en el mundo y en los corazones humanos, cuando la
noche todavía suspira con toda su maldad. Es un momento
lleno de peligros. Lo conozco bien. Pero ya ves, todo esto
suena ahora como un informe policial... ¿qué quieres que
haga con esta verdad judicial, qué con unos datos que ya conozco en mi corazón y en mi cerebro?... ¿Qué puedo hacer
con los secretos corrompidos de una casa de soltero, con la
podredumbre de un adulterio, con los viejos secretos de al-
cobas de aire viciado, con los recuerdos de unos ancianos
muertos o a punto de morirse? ¿Qué juicio falso y vergonzoso se incoaría si te pidiera cuentas ahora, al final de nuestra vida, sobre lo que pueda conocerse como dato probable
de un adulterio, de un intento de asesinato, si tratara de
sonsacarte una confesión ahora, cuando ya incluso las leyes
dictaminan que ha prescrito lo que ocurrió o lo que habría
podido ocurrir?... Sería vergonzoso, indigno de ti y de mí,
indigno del recuerdo de nuestra infancia y juventud, de
nuestra amistad. Quizás para ti sería un alivio contar lo que

se pueda contar. No quiero que sientas alivio —dice con calma—. Quiero la verdad, y la verdad ya no son para mí los hechos polvorientos, ni los secretos de las pasiones y equivocaciones de un cuerpo de mujer, ya muerto y convertido en polvo... ¿qué importancia tiene ya todo esto para nosotros, para el marido y para el amante, ahora que ya no existe ese cuerpo, ahora que ya somos unos ancianos, ahora que intentamos aclarar algunas cuestiones, saber la verdad, para, a continuación, encaminarnos hacia la muerte, yo aquí, mezclando mis huesos con los de mis antepasados, y tú allá, en algún remoto lugar del mundo, en las afueras de Londres o en el trópico? ¿Qué importan, al final de la vida, la verdad y la mentira, el engaño, la traición, el intento de asesinato o el asesinato mismo, qué importa dónde, cuándo y cuántas veces me engañó contigo, con mi mejor amigo, mi esposa, el único y verdadero amor de mi vida, mi única y gran esperanza, Krisztina?... Me confesarías la verdad, la triste y deleznable verdad, me lo confesarías todo, me contarías cómo empezó, qué mezcla de celos, envidias, miedos y tristezas os espoleó hasta que acabasteis abrazados, me contarías lo que sentías cuando la tenías entre tus brazos, me contarías lo que Krisztina sentía en su cuerpo y en su alma en aquellos años, una mezcla de venganza y de culpa... ¿y qué importaría? Al final es todo tan sencillo... todo lo que fue y lo que pudo haber sido. Todo se convierte en polvo y en ceniza, incluso los hechos. Todo lo que nos quemaba el corazón, de tal manera que creíamos que no podríamos soportarlo y que moriríamos por ello, o que mataríamos a alguien; yo también conozco esos sentimientos, yo también conocí los momentos de la tentación, poco después de que te marcharas y yo me quedara a solas con Krisztina; y luego todo esto se convierte en polvo y en ceniza, se vuelve tan ligero como el polvo que alfombra los caminos de los cementerios. Sería una vergüenza, una tontería hablar de ello. Además, lo sé todo, con todos los detalles, y con la exactitud de un informe policial. Te podría recitar todo el sumario, como el ministerio fiscal en el juicio: ¿y entonces qué?... ¿Qué hago con la verdad escueta, con los secretos de un cuerpo que ya no existe? ¿Qué significa la fidelidad, qué esperamos de la persona a quien amamos? Yo ya soy viejo, y he reflexionado mucho sobre esto. ¿Exigir fidelidad no sería acaso un grado extremo de la egolatría, del egoísmo y de la vanidad, como la mayoría de las cosas y de los deseos de los seres humanos? Cuando exigimos a alguien fidelidad, ¿es acaso nuestro propósito que la otra persona sea feliz? Y si la otra persona no es feliz en la sutil esclavitud de la fidelidad, ¿amamos a la persona a quien se la exigimos? Y si no amamos a esa persona ni la hacemos feliz, ¿tenemos derecho a exigirle fidelidad y sacrificio? Ahora, al final de mi vida, ya no me atrevería a responder a estas preguntas, si alguien me las formulase, de la misma forma inequívoca que hace cuarenta y un años, cuando Krisztina me abandonó en aquella casa, la tuya, donde había estado antes en muchas ocasiones, y donde tú habías acumulado todo para recibirla, donde las dos personas con quienes estaba yo más vinculado me engañaban y me traicionaban de una manera vergonzosa, vulgar, de una manera... aburrida, sí, así lo llamaría ahora... Así fue —dice como de pasada, en un tono neutral, casi aburrido—. Todo eso que la gente llama «engaño», esa rebelión triste y aburrida de los cuerpos hacia una situación y hacia una tercera persona, resulta terriblemente insignificante, casi penoso, si lo miramos desde la distancia del tiempo, al final de nuestra vida; algo parecido a un accidente o a un malentendido. Claro que entonces yo no lo veía así. Me encontraba allí, en aquella casa clandestina, observando los indicios y las pruebas del delito, mirando los muebles, el sofá cama... cuando uno es joven y se entera de que su esposa le engaña con su único amigo, un amigo más íntimo que un hermano, naturalmente imagina que el mundo se derrumba a su alrededor. Cree que ha de ser así, porque los celos, el desengaño, la vanidad pueden hacer mucho daño, causar un inmenso dolor. Más tarde, todo pasa... pasa de una manera incomprensible; no de un día para otro, no, la ira no disminuye con los años, pero al final pasa, de la misma manera que la vida. Yo regresé a casa, fui a mi habitación, y allí me quedé, esperando a Krisztina para matarla, o para que me dijera la verdad y así perdonarla... bueno, esperaba algo. Esperé hasta la noche, y entonces me fui a la casa del bosque, porque ella no llegaba. Quizás fuera infantil... ahora que miro hacia atrás, ahora que intento juzgarme a mí y a los demás, me doy cuenta de que aquella vanidad, aquella espera y aquel aislamiento eran infantiles. Pero, en fin, así es el hombre, que incluso siendo inteligente y experimentado puede hacer muy poco en contra de su naturaleza y de sus obsesiones. Así que ya lo sabes tú también. Me fui a la casa del bosque que tú tan bien conoces y no volví a ver a Krisztina durante ocho años. Sólo volví a verla cuando ya había muerto, la mañana que Nini mandó que me dijesen que ya podía regresar a casa, porque ella había muerto. Yo sabía que estaba enferma y que la trataban los mejores médicos: se alojaron aquí, en la mansión, durante meses, e hicieron de todo por salvarla; decían: «Hemos hecho todo lo posible, todo lo que los avances de la medicina nos han permitido». Pura palabrería. Seguramente hicieron lo que sus conocimientos defectuosos les permitían, lo que su desfachatez y su vanidad les permitían. A mí me informaban de lo que ocurría en la mansión, cada noche, durante aquellos ocho años; al comienzo, cuando Krisztina todavía estaba bien, y también al final, cuando decidió caer enferma y morir. Estoy convencido de que estas cosas se pueden decidir, ahora ya lo sé con absoluta certeza. Sin embargo, no pude ayudar a Krisztina, porque se interponía un secreto entre

167

los dos, el único secreto que no se puede perdonar, un secreto que no conviene desvelar antes de tiempo, porque no se sabe lo que puede esconder. Hay algo peor que la muerte, peor que el sufrimiento... y es cuando uno pierde el amor propio. Por eso temía ese secreto, ese secreto que era de Krisztina, tuyo y mío. Hay algo que duele, hiere y quema de tal manera que ni siquiera la muerte puede extinguirlo: y es cuando una persona, o dos, hieren ese amor propio sin el cual ya no podemos vivir una vida digna. Simple vanidad, dirás. Sí, simple vanidad... y sin embargo, esa dignidad es el contenido más profundo de la vida humana. Por eso temía ese secreto. Por eso somos todos capaces de conformarnos con cualquier cosa, con cualquier arreglo, incluso con el más vil y cobarde; mira a tu alrededor, y encontrarás las mismas soluciones a medias entre los seres humanos: uno se marcha, se aleja de la persona o de las personas que ama, atemorizado por un secreto, y otro se queda, calla y espera una respuesta durante una eternidad... Eso lo he visto y lo he vivido yo. No es cobardía, no... es una defensa, la última defensa del instinto humano por sobrevivir. Volví a casa, esperé hasta la noche, luego me fui a la casa del bosque, y estuve esperando una señal, una palabra, un mensaje, durante ocho años. Pero Krisztina no vino. De la casa del bosque hasta esta mansión hay dos horas de viaje en coche. Sin embargo, estas dos horas, estos veinte kilómetros, significaban para mí una lejanía mayor, tanto en el tiempo como en el espacio, de lo que pudo ser para ti el trópico. Así soy yo por naturaleza, así me educaron, así ocurrió todo. Si Krisztina me hubiese mandado un mensaje, cualquier mensaje, se habría cumplido su voluntad. Si ella hubiese deseado que te trajera otra vez, yo te habría buscado por todo el mundo para traerte. Si ella hubiese deseado que te matara, te habría buscado por todo el mundo para matarte. Si me hubiese pedido el divorcio, se lo habría concedido.

Pero no quería nada. Porque ella también era alguien, a su manera, a su manera femenina, y a ella también la habían herido quienes la amaban: uno porque huyó de la pasión, porque no quiso quemarse en sus fatales ataduras y el otro porque se enteró de la verdad, esperó y calló. Krisztina también tenía su carácter, en un sentido diferente de como lo interpretamos los hombres. También a ella le ocurrieron cosas en todos aquellos años, no solamente a ti y a mí. El destino nos había tocado y se había cumplido, y los tres lo tuvimos que afrontar. No la vi durante ocho años. No me llamó en ocho años. Hace unas horas, mientras te esperaba (para hablar de lo que tenemos que hablar, puesto que ya no nos queda mucho tiempo), me enteré de algo por la nodriza: me enteré de que en su agonía ella me llamaba a mí. No a ti... y esto no lo digo con agrado, pero tampoco con desagrado, tenlo bien en cuenta. Me llamaba a mí, y eso no es mucho, pero algo es... Sólo volví a verla tras su muerte. Estaba bellísima. Se había conservado joven, la soledad no la estropeó, la enfermedad no alteró su belleza peculiar, la armonía completa y seria del rostro de Krisztina. Aunque tú ya no tienes nada que ver con todo esto —dice con orgullo—. Tú estabas por ahí, por el mundo, y Krisztina murió. Y yo vivía en la soledad, en el resentimiento, y Krisztina murió. Ella nos respondió a los dos de la manera que pudo: ya ves, los muertos responden bien, de una manera definitiva; a veces pienso que sólo los muertos responden bien, de una manera inequívoca. Eso es lo que ha ocurrido. ¿Qué otra cosa habría podido decir, después de ocho años, aparte de morir?... Nadie puede decir más. Y así respondió a todas las preguntas que tú y yo le pudiéramos haber hecho, si ella hubiese querido hablar con cualquiera de los dos. Sí, los muertos responden bien. Sin embargo, fíjate, ella nunca quiso hablar con ninguno de los dos. A veces me da la sensación de que de los tres era ella la engañada, ella, Krisztina.

No yo, a quien ella engañó contigo, ni tú, que me engañaste con ella... ¡Engaño! ¡Qué palabra! Hay palabras así, palabras determinadas, con las que definimos ciertas situaciones de una manera desalmada, mecánica. Sin embargo, cuando todo ha acabado ya, como ahora, pues para nosotros todo ha acabado ya, no podemos llegar muy lejos con palabras así. Engaño, infidelidad, traición: son simples palabras, sólo son palabras, mientras que la persona a quien nos referimos está muerta ya, mientras que la persona que tendría que responder sobre el verdadero significado de estas palabras ya ha respondido. Lo que no son palabras, sino la muda realidad, es que Krisztina ya está muerta y que nosotros dos estamos vivos. Cuando comprendí esto, ya era tarde. Ya no quedaba más que la espera y la venganza, y ahora que ha llegado el momento de la venganza y que la espera ha terminado, me doy cuenta con sorpresa de lo insignificante y vulgar que resulta todo lo que nos podemos contar, confesar o mentir: uno no puede sino aceptar la realidad. Yo ya he aceptado la realidad. Y el fuego purificador del tiempo ha extraído de mis recuerdos toda la ira. Últimamente veo de nuevo a Krisztina, en sueños y despierto, la veo atravesar el jardín, delgada, con su sombrero florentino de ala ancha, con su vestido blanco, la veo llegar del invernadero, o murmurar a su caballo. Esta tarde la vi mientras te estaba esperando y me quedé dormido. La vi en el duermevela —dice avergonzado, como un viejo achacoso—. Vi imágenes de los viejos tiempos. Y comprendí también con la inteligencia lo que ya acepté hace mucho con el corazón: vuestra infidelidad, vuestro engaño, vuestra traición. Lo he aceptado todo, ¿qué más puedo decir?... Uno envejece poco a poco, primero envejece su gusto por la vida, por los demás, ya sabes, todo se vuelve tan real, tan conocido, tan terrible y aburridamente repetido... Eso también es la vejez. Cuando ya sabes que un vaso no es más que un vaso.

Y que un hombre no es más que un hombre, un pobre desgraciado, nada más, un ser mortal, haga lo que haga... Luego envejece tu cuerpo, no todo a la vez, no, primero envejecen tus ojos, o tus piernas, o tu estómago o tu corazón. Envejecemos así, por partes. Más tarde, de repente, empieza a envejecer el alma: porque por muy viejo y decrépito que sea ya tu cuerpo, tu alma sigue rebosante de deseos y de recuerdos, busca y se exalta, desea el placer. Cuando se acaba el deseo de placer, ya sólo quedan los recuerdos, las vanidades, y entonces sí que envejece uno, fatal y definitivamente. Un día te despiertas y te frotas los ojos, y ya no sabes para qué te has despertado. Lo que el nuevo día te traiga, ya lo conoces de antemano: la primavera, el invierno, los paisajes, el clima, el orden de la vida. Ya no puede ocurrirte nada imprevisto: no te sorprende ni lo inesperado, ni lo inusual, ni siquiera lo horrendo, porque ya conoces todas las posibilidades, ya lo tienes todo visto y calculado, ya no esperas nada, ni lo bueno, ni lo malo... y esto precisamente es la vejez. Todavía hay algo vivo en tu corazón, un recuerdo, algún objetivo vital poco definido, te gustaría volver a ver a alguien, te gustaría decir algo, enterarte de algo, y sabes que llegará el día en que ya no tendrá tanta importancia para ti saber la verdad, ni responder a la verdad, como creíste durante las décadas de espera. Uno acepta el mundo, poco a poco, y muere. Comprende la maravilla y la razón de las acciones humanas. El lenguaje simbólico del inconsciente... porque las personas se comunican por símbolos, ¿te has dado cuenta? Como si hablaran un idioma extraño, chino o algo así, cuando hablan de cosas importantes, como si hablaran un idioma que luego hay que traducir al idioma de la realidad. No saben nada de sí mismas. Sólo hablan de sus deseos, y tratan desesperada e inconscientemente de esconderse, de disimular. La vida se vuelve casi interesante cuando ya has aprendido las mentiras de los demás, y empiezas a

171

disfrutar observándolos, viendo que siempre dicen otra cosa de lo que piensan, de lo que quieren de verdad... Sí, un día llega la aceptación de la verdad, y eso significa la vejez y la muerte. Pero entonces tampoco esto duele ya. Krisztina me engañó, ¡qué frase más estúpida!... Y me engañó precisamente contigo, ¡qué rebeldía más miserable! Sí, es así, no me mires tan sorprendido: de verdad me da lástima. Más tarde, cuando me enteré de muchas cosas y lo comprendí y lo acepté todo (porque el tiempo trajo a la isla de mi soledad algunos restos, algunas señales significativas de aquel naufragio), empecé a sentir piedad al mirar al pasado, y al veros a vosotros dos, rebeldes miserables, mi esposa y mi amigo, dos personas que se rebelaban contra mí, atemorizadas y con remordimientos, consumidas por la pasión, que habían sellado un pacto de vida o muerte contra mí... ¡Pobres infelices!, pensé. Lo pensé muchas veces. Imaginaba los detalles de vuestros encuentros, en tu casa de las afueras, en esta pequeña ciudad, donde una cita secreta resulta casi imposible; os imaginaba encerrados, como si estuvierais en un barco; imaginaba vuestros encuentros en público, atormentados por un amor que no tenía ni un minuto de tranquilidad, un amor siempre vigilado sigilosamente por criados, ordenanzas y cuantos os rodeaban; vuestras maniobras temerosas para esconderos de mí, los cuartos de hora robados con el pretexto de montar a caballo, de ir a clase de música o de jugar al tenis, vuestros paseos por el bosque donde mis monteros vigilaban a los cazadores furtivos... imaginaba el odio que latía en vuestros corazones cuando pensabais en mí, cuando a cada paso, a cada instante, tropezabais con mi poder, con mi poder de esposo, de terrateniente, de gran señor, con mi poder social y económico, con mi ejército de criados, y con mi poder más implacable, casi absoluto: las limitaciones que os obligaban a saber, más allá de cualquier sentimiento de amor y de odio, que sin mí no podíais ni vivir ni morir completamente. Erais unos amantes infelices, me pudisteis engañar, pero no me pudisteis evitar: por muy diferentes que fuerais vosotros dos, nosotros tres estábamos unidos de una manera determinante, como la estructura geométrica de los cristales. Y tus manos fallan la mañana en que me quieres matar, porque ya no puedes soportar más tantas carreras, tanto juego del escondite, tanta miseria... ¿qué puedes hacer? ¿Llevarte a Krisztina? Tienes que renunciar a tu posición, eres pobre y Krisztina también lo es, no podéis aceptar nada de mí, no puedes huir con ella, ni tampoco vivir con ella, no puedes casarte con ella, tenerla como amante significa un peligro de muerte, más todavía: debes tener siempre presente que en cualquier momento te puedes ver obligado a rendir cuentas del engaño y ser descubierto, temes rendirme cuentas a mí, precisamente a mí, tu amigo y hermano. Esta situación de peligro no la puedes soportar durante mucho tiempo. Así que un día, cuando el instante está ya maduro, cuando se ha presentado ya ante nosotros de forma palpable, levantas el arma, y más tarde yo siento piedad por eso en varias ocasiones. Debe de ser una misión incómoda y pesada tener que matar a alguien con quien estamos vinculados —dice como de pasada—. No eres lo bastante fuerte para cumplir esa misión. O dejas pasar el instante y ya no puedes hacer nada. Porque también existe eso, el instante: el tiempo trae y se lleva las cosas, de manera arbitraria, y no somos sólo nosotros quienes ponemos nuestras acciones y sus circunstancias en el marco del tiempo. A veces ocurre que el instante trae una posibilidad, y esa posibilidad tiene su momento exacto, y si el instante pasa, ya no puedes hacer nada de nada. Tus manos se desploman con el arma. Y a la mañana siguiente te marchas al trópico.

Se mira con atención las yemas de los dedos y las uñas.

—Sin embargo, nosotros nos quedamos aquí —dice mientras continúa inspeccionándose, como si fuera lo más importante—, Krisztina y yo nos quedamos. Nos quedamos aquí, y todo se revela entre nosotros, de una manera regular e incomprensible, tal como un mensaje se transmite entre dos personas, mediante ondas, incluso aunque no haya entre nosotros ningún delator de secretos, ningún intermediario. Todo se revela, porque tú te has marchado, y porque nosotros nos hemos quedado aquí, vivos, yo también, porque tú has perdido el instante o porque el instante te ha perdido a ti, lo cual es lo mismo, y Krisztina porque de momento no puede hacer otra cosa, tiene que esperar, quizás sólo quiere comprobar si los dos guardamos correctamente silencio, tú y yo, los dos hombres con quienes ella tiene que ver, y que se han apartado de su camino; espera para conocer y comprender el verdadero significado de tales silencios. Y entonces muere. Pero yo me quedo aquí, y lo sé todo, aunque hay algo que no sé. Por eso tengo que vivir, por eso tengo que esperar la respuesta. Y ahora ha llegado el instante de saber la respuesta a mi pregunta. Respóndeme, por favor: ¿sabía Krisztina que tú ibas a matarme aquella mañana, en la cacería?

Lo pregunta con objetividad y comedimiento, pero con tanto interés y tanta tensión en la voz como los que manifestaría un niño al pedir a los adultos una explicación sobre los secretos del mundo intangible de los astros.

18

El invitado no se inmuta al oír la pregunta. Permanece sentado, con la cabeza apoyada en las manos, los codos en los brazos del sillón. Suspira profundamente, se inclina hacia delante, se pasa una mano por la frente. Se dispone a responder, pero el general le interrumpe.

—Lo siento —dice—. Ya ves que te lo he preguntado —continúa, como disculpándose—. Tenía que preguntártelo, y ahora que lo he hecho, tengo la sensación de haberlo hecho mal, de haberte creado una situación incómoda, porque quieres responder, quieres decir la verdad y yo no te he formulado correctamente la pregunta. Mi pregunta suena como si fuera una acusación. No niego que he tenido la sospecha, en las pasadas décadas, de que aquel instante en el bosque, durante la cacería, no fue solamente un instante casual, debido a una idea repentina, una simple ocasión, un instante inspirado por el mundo inferior: me atormenta la sospecha de que a aquel instante lo precedieron otros momentos, llenos de cordura, momentos totalmente diurnos. Porque Krisztina, al enterarse de que habías huido, dijo: «Era un cobarde», eso es lo único que dijo, fue lo último que yo oí de su boca, su último juicio verbal sobre ti. Y yo me quedo solo, con estas palabras. Cobarde, ¿para qué?, me pregunto mucho más tarde. Cobarde ¿en qué sentido? ¿Para vivir? ¿Para vivir los tres juntos, para vivir vosotros dos por separado? ¿Cobarde para morir? ¿Cobarde porque no se ha atrevido ni ha querido vivir ni morir con Krisztina?... Se me ocurren todas estas preguntas. O bien cobarde para otra cosa, no para vivir ni para morir, no para huir ni para traicionar, no para quitarme a Krisztina ni para renunciar a Krisztina, sino simplemente cobarde para cometer un acto muy sencillo, punible desde el punto de vista de la ley, algo que han planificado ellos dos, mi esposa y mi mejor amigo. ¿Cobarde porque aquel plan no se ha cumplido?... Eso es todo lo que yo querría saber en la vida, ésa es mi pregunta. Sin embargo, hace un momento no la he formulado bien, por eso te he interrumpido al ver que te disponías a responder. Porque esa respuesta no tiene la menor importancia para la humanidad ni para el universo, pero es muy importante para mí, la única persona en el mundo que quiere saber (ahora que la mujer que te acusó de cobardía ya es polvo y ceniza), que quiere saber en qué fuiste cobarde. Porque si la respuesta a esta pregunta pone fin a mis especulaciones, conoceré por fin la verdad. Vivo entre el todo y la nada desde hace cuarenta y un años, y no hay ninguna otra persona que me pueda ayudar, solamente tú. Y no me gustaría morir así. Habría sido mejor, más digno de un hombre, si no hubieras sido un cobarde, en aquel instante, hace cuarenta y un años, como constató Krisztina; habría sido más humano si una bala hubiera acabado lo que el tiempo no ha podido arreglar: la duda de saber si habíais tramado un plan contra mí, para matarme, y si tú, al final, fuiste demasiado cobarde para ejecutarlo. Eso es lo que quiero saber. Todo lo demás son palabras, mentiras e imaginaciones: traición, amor, conspiración, amistad, todo carece de importancia en comparación con esta pregunta, todo lo demás se difumina bajo la intensa luz de esta pregunta, todo palidece, como los muertos o

176

los retratos pintados, cuando los envuelven las sombras del tiempo. Ya no me interesa ni quiero saber nada sobre la verdadera naturaleza de vuestra relación, no quiero conocer los detalles, no quiero saber el porqué ni el cómo. Entre dos personas, un hombre y una mujer, las cuestiones relativas al porqué y al cómo resultan siempre miserablemente idénticas. Son ecuaciones demasiado sencillas. Todo ocurre siempre porque sí, y de la manera que tiene que ocurrir, de la manera que puede ocurrir, ésa es la verdad. No vale la pena indagar los detalles, cuando ya todo ha terminado. Pero en lo esencial, en lo verdadero, sí que vale la pena indagar, porque si no, ¿para qué he vivido? ¿Para qué he estado soportando estos cuarenta y un años? ¿Para qué te he estado esperando? Porque no te he estado esperando como el hermano espera al hermano infiel, como el amigo espera al amigo fugitivo, no; te he esperado como el juez y como la víctima, reunidos en una sola persona, esperan al acusado. Y ahora que tengo delante de mí al acusado, le pregunto y él se dispone a responder. Pero... ¿acaso he formulado bien la pregunta? ¿Acaso he dicho todo lo que tiene que saber él, el delincuente y acusado, si quiere responder diciendo la verdad? Vas a ver que Krisztina ha respondido, y no sólo con su muerte. Un día, varios años después de su muerte, encontré aquel diario encuadernado en terciopelo amarillo que yo había buscado en vano en el cajón de su escritorio la noche siguiente a la cacería, una noche muy memorable para mí. Esa noche, el diario no apareció, tú te marchaste al día siguiente, y yo no volví a hablar con Krisztina. Más tarde Krisztina murió, y tú vivías lejos, y yo vivía aquí, en la mansión, adonde regresé después de la muerte de Krisztina, porque quería vivir y morir en la casa donde había nacido, donde habían nacido, vivido y muerto mis antepasados. Todo esto es así porque las cosas responden a un orden, y este orden es ajeno a nuestra voluntad.

Al mismo tiempo, el diario de terciopelo amarillo también vivía su propia vida misteriosa, a nuestro lado y por encima de nosotros, aquel diario peculiar, «El libro de la sinceridad», aquel cuaderno de confesiones, de confesiones incondicionadas sobre los amores, las dudas, los miedos de Krisztina, sobre su ser oculto. Ese diario vivía su propia vida y yo lo encontré, más tarde, mucho más tarde, entre las pertenencias de Krisztina, en una caja donde guardaba el retrato de su madre, pintado en una placa de marfil, el anillo de sello de su padre, un tallo seco de orquídeas que yo le había regalado y el diario amarillo, atado con un lazo azul. El lacre del lazo estaba sellado con el anillo. He aquí el diario —dice el general, lo saca del bolsillo, y se lo ofrece al amigo—. He aquí lo que queda de Krisztina. Yo no lo he abierto, porque no encontré ninguna autorización escrita: ella no había dejado ningún manual de instrucciones adjunto a este objeto de su herencia; ni siquiera pude averiguar si este diario, este mensaje, esta confesión desde el más allá estaba destinado a mí o a ti. Es probable que este diario contenga la verdad, puesto que Krisztina nunca mentía —añade con seriedad y respeto.

Sin embargo, el amigo no coge el cuaderno.

Sigue sentado, inmóvil, con la cabeza apoyada en las manos, mirando el pequeño diario atado con el lazo azul, con el sello estampado en el lacre igualmente azul. No se mueve, ni siquiera pestañea.

—¿Quieres que leamos el mensaje de Krisztina juntos?... —pregunta el general.

—No —responde Konrád.

—¿No quieres —pregunta el general, con frialdad y altivez, hablando como un superior— o no te atreves?

Se miran fijamente durante largos minutos, por encima del diario que el general ofrece a Konrád, sin que sus manos tiemblen.

—A esa pregunta —dice por fin el invitado— no voy a responder.

—Entiendo —dice el general. Su voz suena especialmente satisfecha.

Con un movimiento lento, arroja el libro a las brasas. Las brasas empiezan a arder, acogen a su víctima, absorben lentamente la materia del cuaderno, y unas pequeñas llamas se alzan entre las cenizas oscuras. Los dos observan inmóviles cómo empiezan a arder las llamas, cómo revive el fuego, cómo baila con alegría alrededor de su presa inesperada, cómo respira y cómo brilla; las llamas son cada vez más altas, el lacre sellado ya se ha derretido, el terciopelo amarillo arde con un humo acre, y como si una mano invisible tornara las páginas color marfil, aparece de improviso la caligrafía de Krisztina, con su letra alta y fina, escrita por una mano que ya no existe; las letras, el papel, el cuaderno entero se queman, se convierten en polvo y en ceniza, como la mano que escribió las páginas. Sobre las brasas sólo quedan ya las cenizas negras y sedosas, como raso de luto.

Contemplan las cenizas con atención, sin decir palabra.

—Ahora —dice el general— ya puedes responder a mi pregunta. No existe ya ningún testigo que te pueda contradecir. ¿Sabía Krisztina que ibas a matarme aquella mañana en el bosque? ¿Vas a responderme?...

—A estas alturas ya no voy a responder tampoco a esa pregunta —dice Konrád.

—Bien —dice el general, en tono apagado, casi indiferente.

19

El salón se ha quedado frío a su alrededor. Todavía no empieza a clarear; sienten el aire fresco de la madrugada que trae un perfume a tomillo por las ventanas medio abiertas. El general se frota las manos: tiene frío.

Ahora, en la penumbra de esta media hora que precede al alba, los dos parecen muy viejos. Amarillentos y huesudos, parecen unos esqueletos.

El invitado mueve la mano de repente, de manera mecánica, y mira su reloj de pulsera con ojos de miope.

—Creo —dice en voz muy baja— que ya hemos aclarado todo. Es hora de que me vaya.

—Si quieres irte —dice el general, muy cortés—, el coche te está esperando.

Se levantan los dos, con un movimiento reflejo se acercan a la estufa, se agachan, extienden sus manos huesudas y friolentas hacia los rescoldos. Sólo ahora se dan cuenta de que les ha entrado frío, de que están tiritando; la noche se ha puesto fría de repente, la tormenta que ha apagado las luces de la central eléctrica de la ciudad ha pasado sobre la mansión.

—Regresarás a Londres... —dice el general, como si estuviera hablando para sí.

—Sí —responde el invitado.

—¿Quieres vivir allí?

—Vivir y morir —responde Konrád.

—Claro —dice el general—. Naturalmente. ¿No quieres quedarte un día más? ¿Ver algo? ¿Encontrarte con alguien? No has visto la tumba. No has visto a Nini tampoco —dice, servicial.

Su voz suena insegura, como si estuviera buscando las palabras exactas para despedirse, sin encontrarlas. El invitado está tranquilo y responde también servicial.

—No —dice—. No quiero ver nada, ni a nadie. Dale recuerdos a Nini de mi parte —añade con educación.

—Gracias —responde el general. Se acercan a la puerta.

El general pone la mano sobre el picaporte. Se quedan así, el uno frente al otro, con una pose social, ligeramente inclinados, listos para la despedida. Los dos miran a su alrededor, el salón donde —por lo menos así lo creen ahora— no volverán a entrar nunca más. El general mira otra vez a su alrededor con ojos de miope, parpadeando, como si estuviera buscando algo.

—Las velas —dice absorto, al ver los restos humeantes de las velas en los candelabros puestos en la repisa de la estufa—. Mira, las velas se han consumido.

—Dos preguntas —dice de repente Konrád, con voz apagada—, dijiste dos preguntas. ¿Cuál era la otra?...

—¿La otra?... —repite el general. Se inclinan el uno hacia el otro, como dos viejos cómplices que temen las sombras de la noche y también que las paredes oigan—. ¿La otra pregunta?... —repite en un susurro—. Si no has respondido a la primera... Mira —dice en voz muy baja—, el padre de Krisztina me acusó de haber sobrevivido. Se refería a haber sobrevivido a todo. Porque uno no solamente responde con su muerte, aun siendo ésta una buena respuesta. También es posible responder sobreviviendo a algo. Nosotros dos hemos sobrevivido a una mujer. Tú al marcharte lejos y yo al quedarme aquí. La sobrevivimos, con cobardía o con ceguera, con resentimiento o con inteligencia: el hecho es que la sobrevivimos. ¿No crees que tuvimos nuestras razones?... ¿No crees que al fin y al cabo le debemos algo, alguna responsabilidad de ultratumba, a ella, que fue más que nosotros, más humana, porque murió, respondiéndonos así a los dos, mientras que nosotros nos hemos quedado aquí, en la vida?... Y a esto no hay que darle más vueltas. Tales son los hechos. Quien sobrevive al otro es siempre el traidor. Nosotros sentíamos que teníamos que vivir, y a esto tampoco se le puede dar más vueltas, porque ella sí que murió. Murió porque tú te marchaste, murió porque yo me quedé pero no me acerqué a ella, murió porque nosotros dos, los hombres a quienes ella pertenecía, fuimos más viles, más orgullosos y cobardes, más ruidosos y silenciosos de lo que una mujer puede soportar, porque huimos de ella, porque la traicionamos, porque la sobrevivimos. Es la pura verdad. Y tienes que saberlo cuando estés allí, solo, en Londres, cuando todo se acabe y llegue tu última hora. Yo también lo tengo que saber, aquí, en esta mansión, y lo sé ya. Sobrevivir a alguien a quien se quiere tanto como para llegar al homicidio, sobrevivir a alguien por quien nos habríamos dejado matar por amor es uno de los crímenes más misteriosos e incalificables de la vida. Los códigos penales no reconocen este delito. Pero nosotros dos sí que lo hacemos —dice en voz muy baja, con sequedad—. También sabemos que pese a nuestra gran inteligencia, nuestro resentimiento, nuestra cobardía y nuestra vanidad no hemos sido capaces de salvaguardar nada para nosotros mismos, puesto que ella murió y nosotros estamos vivos, aunque los tres hayamos estado unidos, en nuestra vida y hasta en nuestra muerte. Esto es muy difícil de comprender, y si lo comprendes, inquieta todavía más. ¿Qué has pretendido al sobrevivir, qué has ganado con ello?... ¿Te has librado de situaciones penosas? ¿Qué importan las situaciones cuando se trata de la verdad de la vida, de que existe una mujer en el mundo con quien te unen unos lazos, y de que esta mujer es la esposa del amigo con quien estás unido igualmente?... ¿Qué importa lo que la gente piense de todo ello? Nada. Al fin y al cabo, el mundo no importa nada. Sólo importa lo que queda en nuestros corazones.

—¿Qué queda en nuestros corazones? —pregunta el invitado.

—La otra pregunta —responde el general, sin soltar el picaporte—. Y la otra pregunta se reduce a saber qué ganamos nosotros con toda nuestra inteligencia, con toda nuestra vanidad y con toda nuestra superioridad. La otra pregunta es si esa penosa atracción por una mujer que ha muerto no habrá sido el verdadero contenido de nuestras vidas. Ya sé que es una pregunta difícil. Yo no sé responder a ella. Lo he vivido todo, lo he visto todo, pero no sé responder a esa pregunta. He visto la paz y la guerra, he visto la miseria y la grandeza, te he visto cobarde y me he visto a mí mismo vanidoso, he visto la confrontación y el acuerdo. Pero en el fondo, quizás el último significado de nuestra vida haya sido esto: el lazo que nos mantuvo unidos a alguien, el lazo o la pasión, llámalo como quieras. ¿Es ésta la pregunta? Sí, ésta es. Quisiera que me dijeras —continúa, tan bajo como si temiera que alguien estuviera a sus espaldas, escuchando sus palabras— qué piensas de esto. ¿Crees tú también que el sentido de la vida no es otro que la pasión, que un día colma nuestro corazón, nuestra alma y nuestro cuerpo, y que después arde para siempre, hasta la muerte, pase lo que pase? ¿Y que si hemos vivido esa pasión, quizás no hayamos vivido en vano? ¿Que así de profunda, así de malvada, así de grandiosa, así de inhumana es una pasión?... ¿Y que quizás no se concentre en una persona en concreto, sino en el deseo mismo?... Tal es la pregunta. O puede ser que se concentre en una persona en concreto, la misma siempre, desde siempre y para siempre, en una misma persona misteriosa que puede ser buena o mala, pero que no por ello, ni por sus acciones ni por su manera de ser, influye en la intensidad de la pasión que nos ata a ella. Respóndeme, si sabes responder —dice elevando la voz, casi exigiendo.

—¿Por qué me lo preguntas? —dice el otro con calma—. Sabes que es así.

Se miran de hito en hito.

El general respira con dificultad. Abre la puerta. Las luces y las sombras bailan por la escalera. Bajan sin decir palabra, los criados salen a su encuentro, con velas, con el abrigo y el sombrero del invitado. Delante de la puerta de doble hoja se oye el ruido de las ruedas del coche sobre la gravilla blanca. Se despiden sin decirse nada, con un apretón de manos y haciéndose una profunda reverencia.

20

El general regresa a su habitación. Al final del pasillo lo espera la nodriza.

—¿Estás ya más tranquilo? —pregunta ella.

—Sí —responde el general.

Caminan juntos hacia el dormitorio. La nodriza anda con ligereza, con pasos cortos, como si se acabara de levantar, para empezar los quehaceres del alba. El general camina despacio, apoyándose en el bastón. Avanzan por el pasillo lleno de retratos. El hueco que indica el sitio del retrato de Krisztina hace que el general se detenga.

—El retrato —dice—, ya puedes volver a ponerlo en su sitio.

—Sí —dice la nodriza.

—No tiene ninguna importancia —le responde el general.

—Lo sé.

—Buenas noches, Nini.

—Buenas noches.

La nodriza se alza de puntillas, y con la mano pequeña, huesuda y de piel amarillenta, dibuja sobre la frente del anciano la señal de la cruz. Se dan un beso. Es un beso extraño, breve y peculiar: si alguien lo observara, seguramente sonreiría. Pero como cada beso humano, es también una respuesta —a su manera distorsionada y tierna— a una pregunta que no se puede formular con palabras.